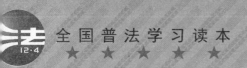

全国普法学习读本

U0453522

农村经济法律法规读本

粮食油料法律法规学习读本

油料生产法律法规

李 勇 主编

汕头大学出版社

图书在版编目（CIP）数据

油料生产法律法规／李勇主编．-- 汕头：汕头大学出版社（2021.7重印）

（粮食油料法律法规学习读本）

ISBN 978-7-5658-3201-7

Ⅰ．①油… Ⅱ．①李… Ⅲ．①食用油-油料加工-食品卫生法-中国-学习参考资料 Ⅳ．①D922.164

中国版本图书馆 CIP 数据核字（2017）第 254799 号

油料生产法律法规 　　YOULIAO SHENGCHAN FALÜ FAGUI

主　　编：李　勇

责任编辑：邹　峰

责任技编：黄东生

封面设计：大华文苑

出版发行：汕头大学出版社

　　　　　广东省汕头市大学路 243 号汕头大学校园内　　邮政编码：515063

电　　话：0754-82904613

印　　刷：三河市南阳印刷有限公司

开　　本：690mm×960mm 1/16

印　　张：18

字　　数：226 千字

版　　次：2017 年 10 月第 1 版

印　　次：2021 年 7 月第 2 次印刷

定　　价：59.60 元（全 2 册）

ISBN 978-7-5658-3201-7

前　言

习近平总书记指出："推进全民守法，必须着力增强全民法治观念。要坚持把全民普法和守法作为依法治国的长期基础性工作，采取有力措施加强法制宣传教育。要坚持法治教育从娃娃抓起，把法治教育纳入国民教育体系和精神文明创建内容，由易到难、循序渐进不断增强青少年的规则意识。要健全公民和组织守法信用记录，完善守法诚信褒奖机制和违法失信行为惩戒机制，形成守法光荣、违法可耻的社会氛围，使遵法守法成为全体人民共同追求和自觉行动。"

中共中央、国务院曾经转发了中央宣传部、司法部关于在公民中开展法治宣传教育的规划，并发出通知，要求各地区各部门结合实际认真贯彻执行。通知指出，全民普法和守法是依法治国的长期基础性工作。深入开展法治宣传教育，是全面建成小康社会和新农村的重要保障。

普法规划指出：各地区各部门要根据实际需要，从不同群体的特点出发，因地制宜开展有特色的法治宣传教育坚持集中法治宣传教育与经常性法治宣传教育相结合，深化法律进机关、进乡村、进社区、进学校、进企业、进单位的"法律六进"主题活动，完善工作标准，建立长效机制。

特别是农业、农村和农民问题，始终是关系党和人民事业发展的全局性和根本性问题。党中央、国务院发布的《关于推进社会主义新农村建设的若干意见》中明确提出要"加强农村法制建设，深入开展农村普法教育，增强农民的法制观念，提高农民依法行使权利和履行义务的自觉性。"多年普法实践证明，普及法律知识，提高法制观念，增强全社会依法办事意识具有重要作用。特别是在广大农村进行普法教育，是提高全民法律素质的需要。

多年来，我国在农村实行的改革开放取得了极大成功，农村发生了翻天覆地的变化，广大农民生活水平大大得到了提高。但是，由于历史和社会等原因，现阶段我国一些地区农民文化素质还不高，不学法、不懂法、不守法现象虽然较原来有所改变，但仍有相当一部分群众的法制观念仍很淡化，不懂、不愿借助法律来保护自身权益，这就极易受到不法的侵害，或极易进行违法犯罪活动，严重阻碍了全面建成小康社会和新农村步伐。

为此，根据党和政府的指示精神以及普法规划，特别是根据广大农村农民的现状，在有关部门和专家的指导下，特别编辑了这套《全国普法学习读本》。主要包括了广大人民群众应知应懂、实际实用的法律法规。为了辅导学习，附录还收入了相应法律法规的条例准则、实施细则、解读解答、案例分析等；同时为了突出法律法规的实际实用特点，兼顾地方性和特殊性，附录还收入了部分某些地方性法律法规以及非法律法规的政策文件、管理制度、应用表格等内容，拓展了本书的知识范围，使法律法规更"接地气"，便于读者学习掌握和实际应用。

在众多法律法规中，我们通过甄别，淘汰了废止的，精选了最新的、权威的和全面的。但有部分法律法规有些条款不适应当下情况了，却没有颁布新的，我们又不能擅自改动，只得保留原有条款，但附录却有相应的补充修改意见或通知等。众多法律法规根据不同内容和受众特点，经过归类组合，优化配套。整套普法读本非常全面系统，具有很强的学习性、实用性和指导性，非常适合用于广大农村和城乡普法学习教育与实践指导。总之，是全国全民普法的良好读本。

目　录

粮油质量管理办法

地方食用油管理办法

粮油质量管理办法

(90) 商储 (粮) 字第 285 号

(1990 年 12 月 17 日商业部发布)

第一章 总 则

第一条 为切实加强粮油质量管理，维护国家和人民利益，提高社会效益和经济效益，更好地为经济建设服务，根据国家有关质量管理法规，制定本办法。

第二条 粮油是国计民生的重要物资，经营部门必须树立向国家和人民负责的思想，坚持"质量第一"的原则，认真贯彻执行国家颁布的各项质量管理规章制度，充分发挥各级粮油质量管理机构和监督机构以及检验人员的监督把关职能，在粮油流通环节实施监督检验，把好质量关。

第三条 各级粮食部门按本办法的规定，对本身经营的粮油实施严格的质量管理，平价粮油和议价粮油均属本办法的管理范围。同时还要指导其他经营部门做好粮油质量管理工作。

第四条 对粮油质量进行监督检验的依据是粮油质量标准和食品卫生标准，采用的方法为国家统一颁布的粮油质量检验方法和食品卫生检验方法。

第五条 粮油质量标准的全部指标为必检项目；卫生标准中的磷化物、过氧化值、浸出油溶剂残留量等项目为全国必检项目；黄曲霉素 B1 为华东、中南、西南三大区的必检项目；马拉硫磷为使用地区的必检项目。各地还可根据具体情况确定本地区的卫生必检项目。遇有下列情形之一时，必须增加有关卫生项目的检验，以确定有毒有害物质含量是否超过规定限量：

（一）受工业"三废"或其它物质污染的农田收获的粮油；

（二）使用化学药剂熏蒸杀虫的粮油；

（三）含有添加剂、防护剂的粮油；

（四）在流通过程中，已知受到化肥、农药等有毒有害物质污染、霉菌感染或色泽、气味有明显异常的粮油。

第二章 检验机构

第六条 省（自治区、直辖市）、地（市）、县粮食部门的粮油质量检验机构隶属于同级粮食行政管理机关，为技术行政管理机构，并附设具有独立把关职能和监督检验测试能力的化验机构，形成省、地、县三级检验监测网。

第七条 粮油加工厂，大、中型粮库以及有购销储存任务的粮管所、站建立相应的质量管理机构和实验室，并配备相应的检验技术人员，作为基层检验机构；小型粮库及站、点、店应有专职或兼职检验人员，从事粮油质量管理的检验、检查工作。库、所、站、厂质量检验机构的业务工作受上级领导机关的指导、监督和检查。

第八条 各级粮油质量管理和监督检验机构的主要任务是：

（一）贯彻执行粮油质量标准、食品卫生标准和粮油质量管理办法以及有关规章制度，对各流通环节的粮油质量实施监督把关检验；

（二）制订粮油质量管理的实施细则，参与制订和修订粮油标准；对粮油卫生标准提出修改意见；

（三）仲裁因粮油质量问题发生的争议；

（四）参加本地区优质产品的评审、监测、考核和复查工作；

（五）组织培训检验人员及配合有关部门进行技术考核工作；

（六）配合有关部门开展粮油资源合理利用工作，根据掌握的粮油质量情况，提出粮油储藏中推陈出新和储备粮油合理轮换意见；

（七）贯彻执行国家植物检疫规定，协助有关部门做好粮油中的检疫对象和危险病、虫、杂草种子的调查、预防和消灭工作；

（八）对本地区粮油品种、质量和受有毒有害物质污染的情况进行调查分析，建立粮油质量、品种和污染监测档案；

（九）总结推广先进经验，收集并交流粮油质量检验科技情报，建立情报网，推广各项质量管理和科学技术研究成果；

（十）做好饲料质量检验和质量管理工作。

第九条　省、地、县粮油质量监督检验机构，有权对粮油调拨和贸易中的质量争议以及其他质量纠纷进行仲裁。

粮油质量监督检验机构有下列权限：

（一）县内各单位争议，由县一级机构仲裁；

（二）县与县之间争议，由地（市）一级机构仲裁；

（三）地（市）与地（市）之间争议，由省一级机构仲裁；

（四）省间调拨发生争议时，原则上由收发双方省一级机构协商，如仍有异议，可由商业部粮食储运局仲裁或共同委托另一检验机构检验仲裁。

第十条　港口进口粮油接卸单位建立质量检验机构和实验室，配备专人从事质量管理工作。其具体任务是：

（一）及时掌握港口对外检验检疫单位的检验结果，并汇总报部；

（二）将进口粮油质量情况及时通知接收方，以便做好接卸和处理的准备工作；

（三）对主要物理检验项目进行复验，并提供接收方参考；

（四）协同各检验部门共同把好接运环节的质量关。

第十一条　各级质量监督检验机构必须加强对实验室的管理。各种仪器、试剂，有毒有害、易燃易爆易损物品及各种设备均必须建立使用规则和管理制度，制定安全措施，确保使用安全。

第十二条　各级粮油质量监督检验机构所属实验室对本系统企事业单位和粮食系统以外单位送检的样品要收取检验费。收费标准和所收费用的使用办法按国家有关规定执行。

第三章　检验人员

第十三条　检验人员要忠于职守，秉公办事。检验时要认真操作，做好原始记录，要如实填写检验凭证并对检验结果负责。

第十四条　要负责调查、掌握各种粮油的地区分布、品种质量和入库质量以及生产、使用部门对粮油质量的要求等资料，为制订、修订标准和研究合理使用粮油提供科学依据。

第十五条　对于不符合入库、出库、入厂、出厂、调拨和销售标准的粮油，以及不符合卫生要求的包装材料和运输工具等，检验人员有权提出处理意见或拒绝签发质量检验、卫生检验合格证书。检验人员提出合理的处理意见未被采纳造成事故损失，由批准者或责任者负责。

第十六条　对于违反国家有关规定、弄虚作假、营私舞弊等行为，检验人员有权提出意见并拒绝执行，除向本单位领导汇报外，有权越级上报。领导机关应给予支持，并进行认真调查处理。任何人不得对检验人员进行刁难、压制或打击报复。

第十七条　检验人员对国家颁布的粮油质量标准、食品卫生标准、检验方法以及有关规章制度，有权提出修改意见；但在意见未被采纳作出修改前，应按原规定执行。

第十八条　检验人员有权对本单位报销保管损耗、水分杂质减量进行监督和审核。

第十九条　检验人员必须接受技术考核，持有检验员证书才有权签发检验凭证，参与仲裁和质量评定工作。

第二十条　检验人员有权享受国家规定的劳动保护和保健福利待遇。参与卫生检验的人员享受卫生部门人员同等待遇。

第四章　粮油收购储运

第二十一条　粮食部门基层单位（库、厂、所、站）在粮油入库之前，要组织人员深入农村了解粮油质量情况，宣传质量标准和优质优价政策，动员农民把质量好的粮油卖给国家。

第二十二条　粮库在入库时，必须按规定的质量要求进行检验，严格把好关。凡接收不符合标准的粮油，一律由当地自行处理，不准外调。

第二十三条　粮油入库时，要按种类、等级、干湿、新陈、有虫无虫等分开存放。有毒、有害、有异味或污秽不洁之物品，严禁与粮油同仓储存，以防污染、误用。入库结束后，要及时组织检验员进行全面质量复验和卫生检验。发生霉变或污染事故时，要认真分析原因并提出处理办法。对严重污染或霉烂变质的粮油禁止供作食用，应采取有效措施，防止扩散并及时报告上级部门。同时，建立库存粮油质量档案，并报上级备查。

第二十四条　粮油保管过程中，要坚持质量检查制度，定期检查化验质量情况。每次检查要做出详细记录，认真分析研究，切实掌握品质变化规律，发现问题及时采取措施或提出轮换意见，防止品质劣变。对于入库、出库和整晒的粮油必须进行检验，并准确填写检验单。没有检验凭单，不能报销水分杂质减量或超耗。

第二十五条　必须坚持好粮好油外调的原则，调拨的粮油一般不应低于国家规定的中等质量水平。发方要对调出的粮油进行认真地检验，并附"质检证书"和"卫检证书"。已经霉变、生虫或不符合食品卫生标准的粮油，一律不准外调。接收方对不合格的粮油必须按有关规定处理，并及时整理，合格后才能加工销售。

第二十六条　粮油调运中，收发双方如发生质量争议时，应本着实事求是的精神，协商或会验解决，如仍不能取得一致意见时，可按第九条的规定仲裁，按仲裁结果处理。

在执行必检卫生标准项目时，如发方未附"卫检证书"时，则以接收方的结果为准，收取检验费并处以货款总额3‰的罚款。其他卫生标准项目超标时，要双方协商处理。

第二十七条　粮油在运输过程中发生质量事故、质量纠纷和责任划分及处理方法，收发双方按《中华人民共和国商业部粮油调运管理规则》第七章第四十条和第十章有关规定执行。

第五章　粮油加工销售

第二十八条　粮油加工厂必须严格按照国家标准和有关质量要求加工粮油。生产中操作人员要严格遵守操作规程，从每道工序把好质量关。产品质量一旦出现偏差，要立即查明原因，采取措施，恢复正常。

粮食部门浸出油品的生产，继续执行商业部（89）商油字第 151 号文《关于对生产、储存、调拨、销售浸出油品进行严格管理的通知》中的规定。

第二十九条 加工厂应对进厂原料进行复验，如与原拨付单位的检验结果不符合，应进行会验，以会验结果为准。凡质量不符合加工工艺要求的，工厂有权拒绝加工。

第三十条 粮油加工厂的检验人员，要与生产工人、技术人员密切配合，改进工艺，确保产品质量符合要求。检验人员要跟班取样检验，随时掌握加工半成品、成品和副产品的质量情况，并建立班组质量检验记录。凡不符合质量标准和食品卫生标准的产品，均必须回机再加工或进行有效的工艺处理，合格后才能出厂。经过整理后，确不能食用的，改作其他用途。

第三十一条 大米和小麦粉精度标准样品国家每二年制发一次。各省、自治区、直辖市粮食部门根据部发样每年复制并发至基层单位对样生产，贯彻执行。在复制样品时，必须坚持原发标样的精度要求，维护标准的严肃性。复制好的样品报部备案。标准样品必须妥善保管。

第三十二条 拨付门市部销售的成品粮油，要附质量合格证。否则，销售单位有权拒收。对人体健康有危害的粮油，必须去毒处理或改变用途，具体办法由省、自治区和直辖市规定。

第三十三条 拨给行业用的粮油，要根据不同用途，做到质量对路，合理使用资源，节约粮油。

第三十四条 粮油销售门市部要有专、兼职人员负责质量监督把关，并对本店存放粮油的场所及环境卫生情况进行检查，及时发现和消除影响粮油质量、安全的因素，确保粮油质量。

第三十五条 粮油销售过程中如发现霉烂变质或污染，应立即停止供应。已经售出的允许退换。禁止弄虚作假或以次充好继续销售。对霉变污染的粮油应和质量正常的严格分开，单独存放，防止扩大污染。对于粮油霉烂变质污染事故，要报告上级粮食部门妥善处理。

第三十六条 粮油销售门市部要公布粮油质量标准和价格，陈列标准样品，接受群众监督，虚心听取消费者对供应粮油质量的意见，及时改进工作。陈列的样品要定期更换，防止变色变质。

第六章 粮油进出口

第三十七条 港口进口粮油接卸单位要掌握进口合同中有关质量的规定。检验人员要协同外贸和各检验部门共同把好质量关。船至锚地后及卸粮过程中均须了解粮情，检查粮质。如发现粮油霉坏变质或不符合合同规定时，要及时会同有关部门作出处理并通知港务部门好坏分卸。坏粮不准发运。凡在港口堆放待运的粮油，要协助港务局共同做好保管工作，确保粮油安全。

第三十八条 带有检疫对象病、虫、杂草种子或有毒有害物质超过卫生标准的粮油，港口接卸单位必须及时会同有关部门积极处理。按规定允许发运到收粮单位处理的，要事先通知收粮单位作好处理的准备，并在运单上予以注明。

对于病害粮、虫害粮和带有有害有毒草子、霉菌、污染毒物的粮食的处理办法，按《中华人民共和国商业部进口粮食接运管理办法》第二十一条、第二十二条、第二十三条、第二十四条的规定执行。

第三十九条 发运单位应及时将粮油质量情况通知收粮单位，收粮单位应进行认真的检查验收，如发现途中遇水湿、污染、霉变等情况，应会同有关部门查明原因，划清责任，原始记录要完整，做好索赔工作，进口粮严禁作种子用。

第四十条 出口粮油的单位，必须根据出口合同和粮食、外贸部门有关规定，认真做好质量检验工作，维护对外贸易信誉。凡粮食部门受理对外出证的单位，检验人员必须准确填写检验证书，并按规定收取检验费。

第四十一条 装运出口粮油的装具、运具必须符合卫生要求。装运过程中，应到现场进行监督检查，发现问题及时报请有关部门进行处理，确保出口粮油符合质量要求。

第七章　奖励与惩罚

第四十二条 对于忠于职守，成绩显著，有创造发明，技术改进或重要合理化建议，对国家作出贡献，以及防止或挽救事故有功，使国家财产或人员免遭或减少损失的检验人员，要根据其贡献大小，给予奖励。

对玩忽职守，违反国家政策法令、弄虚作假、营私舞弊的人员，应根据情节轻重及造成影响的大小，分别给予批评教育、吊销证书、纪律处分、经济制裁，直至依法追究其刑事责任的处罚。

第四十三条 担负粮油收购任务的库、所、站等基层企业，在收购粮油过程中，能坚持国家粮油标准，质价相符，成绩显著，上级主管部门应给予企业领导人和收购工作人员奖励。

对在收购中不坚持原则、收人情粮，以及压级压价或提级提价者，应对企业进行通报批评，并视情节轻重给予企业领导人及有关责任人员适当处罚。

第四十四条 在粮油销售中能够做到严格把关，使销售的粮油长年符合国家标准，并且清洁卫生工作成绩显著的，上级主管部门应给予企业领导人和质量管理人员颁发荣誉证书或物质奖励。

对经常销售不符合标准粮油及伪劣粮油的企业，应进行公开揭露批评，并给予企业领导人及质量管理人员相应处罚。

第四十五条 对产品质量长期稳定，经检验机构定期质量监督检验，产品合格率保持在100%的粮油加工企业，主管部门应对其进行表扬或颁发荣誉称号，并给予企业领导人及质量管理人员奖励。

对长期生产不合格产品，以及弄虚作假、以次充好的粮油加工企业，主管部门应对其进行通报批评直至停产整顿，并给予企业领导人和质量管理人员相应处罚。

第四十六条 对各级监督检验机构的工作状况，同级主管部门要经常进行检查监督，对思想政治工作好、完成任务好、秉公执法并作出优异成绩的，应给予单位及领导人表扬和奖励。上级主管部门也要对下级监督检验机构的工作进行检查、评比、考核，成绩优秀的，应给予表扬或奖励。

对不履行监督检验职责，完成任务差，以及弄虚作假、以权谋私的检验机构，主管部门要对其进行通报批评，组织整顿，并给予机构领导人相应处罚。

第八章　附　则

第四十七条　各省、自治区、直辖市粮食部门可根据本办法制订补充规定或实施细则。

第四十八条　本办法所指的"粮油"，系原粮、成品粮、油料、油脂、豆类、薯类及粮油制品等的统称；"粮油质量"系粮油本身的常规质量和卫生质量的统称；"粮油质量标准"系由粮食部门组织制订、衡量粮油常规质量并作为粮油购、销、调、存、加、进出口各环节中按质论价依据的标准；"粮油卫生标准"系由卫生部门组织制订，作为衡量粮油卫生质量状况，确定是否能安全食用的标准。

第四十九条　本办法由商业部粮食储运局负责解释。

第五十条　本办法自发文规定之日起执行。一九八六年七月二十八日发布的《粮油质量管理试行办法》同时废止。

附　录

国有粮油仓储物流设施保护办法

国家发展和改革委员会令
第 40 号

为加强国有粮油仓储物流设施保护，保证粮油仓储能力满足粮食宏观调控和保障国家粮食安全的需要，根据《粮食流通管理条例》《中央储备粮管理条例》和相关法律法规，特制定《国有粮油仓储物流设施保护办法》，经国家发展和改革委员会主任办公会议审议通过，现予公布，自 2016 年 8 月 1 日起施行。

主任　徐绍史

2016 年 6 月 30 日

第一章　总　则

第一条　为加强国有粮油仓储物流设施保护，保证粮油仓储能力满足保障国家粮食安全的需要，根据《粮食流通管理条例》《中央储备粮管理条例》和相关法律法规，制定本办法。

第二条 本办法适用于中华人民共和国境内国有独资、国有控股粮油仓储单位的粮油仓储物流设施，混合所有制粮油仓储单位中涉及政府性资金资产投入建设、维修改造的粮油仓储物流设施。其他粮油仓储物流设施的保护参照本办法。

本办法所称粮油仓储物流设施包括从事粮油仓储活动所需的经营场地，仓房、油罐等存储设施，专用道路、铁路、码头等物流设施，以及烘干设施、器材库、清理维修车间等附属设施。

第三条 国家粮食行政管理部门负责全国粮油仓储物流设施保护的行业指导和监督管理，根据国家粮食收储供应安全保障需要，制定全国粮油仓储物流设施建设规划，建立健全粮油仓储物流设施淘汰、更新及保护机制，将粮油仓储物流设施保护情况纳入粮食安全省长责任制监督考核体系。

第四条 县级以上地方人民政府粮食行政管理部门负责本行政区域内粮油仓储物流设施保护的行业指导和监督管理，在上级粮食行政管理部门指导和本级人民政府领导下，根据本地区粮食收储供应安全保障需要，细化落实粮油仓储物流设施淘汰、更新及保护措施，会同有关部门组织开展粮油仓储物流设施保护的考核工作。

第五条 任何单位和个人不得侵占、损坏、擅自拆除粮油仓储物流设施，不得擅自改变粮油仓储物流设施用途，不得危害粮油仓储物流设施安全和粮油储存安全。

第二章 保护措施

第六条 粮油仓储单位应当自设立或者开始从事粮油仓储

活动之日起 30 个工作日内，依法将粮油仓储物流设施等情况向所在地粮食行政管理部门备案。粮油仓储物流设施规模、用途发生变化的，也应当及时备案。粮油仓储单位应当建立健全粮油仓储物流设施管理和使用制度，定期检查评估、维护保养，做好记录、建立档案，并按照规定向粮食行政管理部门提供相关情况。

第七条　因重大项目建设或涉及粮食流通格局优化调整，确需拆除、迁移粮油仓储物流设施或改变其用途的，组织拆除、迁移或者改变用途行为的单位应当征得相关粮油仓储单位同意，并事先经设施所在地粮食行政管理部门逐级报告至省级人民政府粮食行政管理部门。粮油仓储单位应当自拆迁、改变用途行为发生之日起 30 个工作日内向所在地粮食行政管理部门备案。被拆除、迁移粮油仓储物流设施所在地粮食行政管理部门应当按照"功能不降、先建后拆"的原则，负责统筹协调重建，确保辖区内粮油仓储物流设施总量、布局及结构满足粮食安全需要。

第八条　依法对粮油仓储物流设施予以行政征收、征用的，被征收、征用单位应当自征收、征用之日起 30 个工作日内向粮油仓储物流设施所在地粮食行政管理部门备案。征收后，如对当地粮食收储供应安全保障能力造成影响，征收主体上级人民政府的粮食行政管理部门应当根据粮油仓储物流设施的总量、布局及结构等予以协调重建。

征用的，征用主体上级人民政府的粮食行政管理部门应当协调在使用结束后尽快恢复原状及用途，不能恢复的，按照前款规定处理。

第九条　粮油仓储单位出租、出借粮油仓储物流设施，应当与承租方签订合同，明确双方权利、义务，并自签订之日起30个工作日内向粮油仓储物流设施所在地粮食行政管理部门备案。出租、出借不得破坏粮油仓储物流设施的功能，不得危及粮油仓储单位的粮油储存安全。

第十条　粮油仓储物流设施不能满足粮油安全储存或粮食流通需要的，粮油仓储单位应当维修改造或重建；涉及布局和结构调整的，由所在地县级以上地方人民政府粮食行政管理部门统筹协调。粮油仓储物流设施超过设计使用年限且不具有维修改造价值的，粮油仓储单位应当按照有关规定予以报废处置；具有历史文化价值的，所在地粮食行政管理部门应当依法协调修缮保留。

第十一条　在粮油储存区内及临近区域，不得开展可能危及粮油仓储物流设施安全和粮油储存安全的活动，不得在安全距离内设置新的污染源、危险源。

第十二条　粮油仓储物流设施因不可抗力遭受破坏时，粮油仓储单位应当根据需要对其进行修复或重建，所在地粮食行政管理部门应当协调支持。

第十三条　为保持或升级粮油仓储物流设施功能，弥补仓容缺口，进行维修改造或新建扩建，各级人民政府粮食行政管理部门应当协调有关部门给予资金、政策等支持。

第十四条　本办法涉及粮油仓储物流设施备案的具体规定，由省级人民政府粮食行政管理部门制定。备案应创新形式，简化程序，优化服务，积极推进电子化备案。

第三章　监督管理

第十五条　任何公民、法人和其他组织对侵占、损坏、擅自拆除粮油仓储物流设施，擅自改变粮油仓储物流设施用途，危害粮油仓储物流设施安全和粮油储存安全的违法行为，有权向各级人民政府粮食行政管理部门举报。

第十六条　县级以上地方人民政府粮食行政管理部门会同有关部门对侵占、损坏、擅自拆除粮油仓储物流设施，擅自改变粮油仓储物流设施用途，危害粮油仓储物流设施安全和粮油储存安全的违法行为予以依法制止和查处。

第十七条　各级人民政府粮食行政管理部门应当调查和掌握辖区内粮油仓储物流设施的存量及变化情况，按照粮食流通统计制度规定逐级上报，并建立专门档案。

第十八条　粮油仓储单位的有关违法行为及行政处罚信息由查处违法行为、实施行政处罚的粮食行政管理部门建立信用记录，纳入全国信用信息共享平台，并依照有关规定及时公开。

第十九条　对保护粮油仓储物流设施有重大贡献的单位和个人，各级人民政府粮食行政管理部门应当协调予以适当奖励。

第二十条　国家粮食行政管理部门根据有关规定，会同有关部门对各地落实本办法的情况进行监督考核，考核结果作为粮食基础设施建设投资及奖励、补助的依据。对保护粮油仓储物流设施不力、严重危害粮食收储供应安全的地区和单位，国家粮食行政管理部门予以通报批评。

第四章　法律责任

第二十一条　任何公民、法人和其他组织违反本办法规定拆除、迁移粮油仓储物流设施，非法侵占、损坏粮油仓储物流设施或者擅自改变其用途，由粮油仓储物流设施所在地粮食行政管理部门责令其限期改正，并依法予以警告或者罚款；有违法所得的，没收违法所得；造成财产损失的，依法承担民事赔偿责任；构成犯罪的，依法追究刑事责任。

第二十二条　各级人民政府粮食行政管理部门及有关企事业单位工作人员违反本办法规定，滥用职权、营私舞弊或者玩忽职守，造成粮油仓储物流设施损失、损坏，视情节依纪依规予以警告、降级直至开除的行政处分。涉及违法的，移送司法机关处理；构成犯罪的，依法追究刑事责任。

第二十三条　粮油仓储单位违反本办法规定，未及时备案的，由备案管辖的粮食行政管理部门责令限期改正；拒不改正的，依法予以警告或者罚款。粮油仓储单位因自身原因导致粮油仓储物流设施发生重大损失、损坏，应当中止其政策性粮油储存任务。

第五章　附　则

第二十四条　本办法自 2016 年 8 月 1 日起施行。

第二十五条　本办法所称粮油仓储单位，是指仓容规模 500 吨以上或者罐容规模 100 吨以上，专门从事粮油仓储活动，或者在粮油收购、销售、运输、加工、进出口等经营活动过程中从事粮油仓储活动的法人和其他组织。

五项食用植物油产品国家标准

《棉籽油》、《葵花籽油》、《油茶籽油》、《玉米油》、《米糠油》等五项食用植物油产品国家标准，于2003年5月14日经国家质量监督检验检疫总局批准，以中华人民共和国国家标准批准发布公告（2003年第6号）发布，自2003年10月1日开始实施。

一、五项标准修订的主要内容

1. 规范名词术语

根据《化工标准名词术语》的规定，对专业名词术语进行了规范，将文本中的名词术语逐一进行确切的阐述，统一定义和表述。

2. 明确强制条文

该五项标准均为条文强制性标准，强制的主要内容有以下几点：

（1）限定了食用油中的酸值、过氧化值、溶剂残留量等指标

酸值、过氧化值、溶剂残留量这三个指标，既是加工过程中的质量控制指标，又是产品的卫生安全限制指标。它们的高低不但反映了加工工艺控制、产品品质的状况，而且也反映了油脂的分解程度和氧化、劣变情况。

（2）限定了食用油质量的基础等级指标

对最低等级压榨成品油和最低等级浸出成品油的各项指标

做出了明确的限定，以保护广大消费者的健康。

（3）增加了原料和加工工艺标识的条款。

为维护消费者的知情权和选择权，要求在产品标签中对加工工艺按"压榨法"、"浸出法"进行明确标识。根据国家《农业转基因生物安全条例》，要求在产品标签中对是否使用转基因原料和原料产地进行明确标识。

3. 重新划分产品分类和等级

将油脂产品分为原油和成品油。原油即指未经精炼等工艺处理的油脂（又称毛油），不能直接用于食用，只能作为加工成品油的原料。成品油则是指经过精炼加工达到了食用标准的油脂产品。成品油分一级、二级、三级、四级四个质量等级，分别相当于原来的色拉油、高级烹调油、一级油、二级油。

4. 对部分质量指标进行了调整

油脂的质量要求包括4个方面：特征指标、质量指标、卫生指标和其它。

1）特征指标：

新增加了特征指标。特征指标中的项目和指标值的设定，等同采用国际食品法典委员会（CAC）标准，这样既有利于与国际标准接轨，也可为植物油掺伪检测提供参考。

2）质量指标：

增加了"过氧化值"和"溶剂残留量"两项指标。这两项指标既是卫生指标又是质量控制指标，也是衡量油脂加工工艺及设备的重要参数，可以更加全面地反映油脂产品的质量。

原油质量指标中共设 6 个项目，包括：气味、滋味，水分及挥发物，不溶性杂质，酸值，过氧化值，溶剂残留量等。

成品油质量指标中共设 12 个项目，包括：色泽，气味、滋味，透明度，水分及挥发物，不溶性杂质，酸值，过氧化值，加热试验，含皂量，烟点，冷冻试验和溶剂残留量等。其中，一级成品油标准的质量指标与原色拉油标准相比，增加了溶剂残留量项目，规定"不得检出"；"水分及挥发物"由 ≤0.10% 改为 ≤0.05%；"酸值"由 ≤0.30mgKOH/g 改为 ≤0.20mgKOH/g；"烟点"由 ≥220℃ 改为 ≥215℃。二级成品油标准的质量指标与原高级烹调油标准相比，增加了溶剂残留量项目，规定"不得检出"，同时规定检出量小于 10mg/kg 时，因现行方法无法判定，视为未检出；"水分及挥发物"由 ≤0.10% 改为 ≤0.05%；"酸值"由 ≤0.5mgKOH/g 改为 ≤0.30mgKOH/g；"烟点"由 ≥215℃ 改为 ≥205℃。三级成品油和四级成品油标准的质量指标与原一级油和原二级油标准的质量指标也都做了不同程度的调整。

3）卫生指标：

执行 GB2716《食用植物油卫生标准》和 GB 2760《食品添加剂使用卫生标准》。

4）其它：注明不得混有其它食用油或非食用油外，也不得添加任何香精和香料。

5. 标签

本标准强调了标签的重要性，除应遵循 GB7718 的规定外，特别规定了转基因、压榨、浸出产品和原料原产国必须标识，以维护消费者的知情权和选择权。

二、五项标准的质量指标内容

1. 棉籽油 GB1537-2003

2. 葵花籽油 GB10464-2003

3. 油茶籽油 GB11765-2003

4. 玉米油 GB19111-2003

5. 米糠油 GB19112-2003

最高人民法院、最高人民检察院、公安部关于依法严惩"地沟油"犯罪活动的通知

公通字〔2012〕1号

各省、自治区、直辖市高级人民法院、人民检察院、公安厅（局），解放军军事法院、军事检察院，新疆维吾尔自治区高级人民法院生产建设兵团分院，新疆生产建设兵团人民检察院、公安局：

为依法严惩"地沟油"犯罪活动，切实保障人民群众的生命健康安全，根据刑法和有关司法解释的规定，现就有关事项通知如下：

一、依法严惩"地沟油"犯罪，切实维护人民群众食品安全

"地沟油"犯罪，是指用餐厨垃圾、废弃油脂、各类肉及肉制品加工废弃物等非食品原料，生产、加工"食用油"，以及明知是利用"地沟油"生产、加工的油脂而作为食用油销售的行为。"地沟油"犯罪严重危害人民群众身体健康和生命安全，严重影响国家形象，损害党和政府的公信力。各级公安机关、检察机关、人民法院要认真贯彻《刑法修正案（八）》对危害食品安全犯罪从严打击的精神，依法严惩"地沟油"犯罪，坚决打击"地沟油"进入食用领域的各种

犯罪行为，坚决保护人民群众切身利益。对于涉及多地区的"地沟油"犯罪案件，各地公安机关、检察机关、人民法院要在案件管辖、调查取证等方面通力合作，形成打击合力，切实维护人民群众食品安全。

二、准确理解法律规定，严格区分犯罪界限

（一）对于利用"地沟油"生产"食用油"的，依照刑法第144条生产有毒、有害食品罪的规定追究刑事责任。

（二）明知是利用"地沟油"生产的"食用油"而予以销售的，依照刑法第144条销售有毒、有害食品罪的规定追究刑事责任。认定是否"明知"，应当结合犯罪嫌疑人、被告人的认知能力，犯罪嫌疑人、被告人及其同案人的供述和辩解，证人证言，产品质量，进货渠道及进货价格、销售渠道及销售价格等主、客观因素予以综合判断。

（三）对于利用"地沟油"生产的"食用油"，已经销售出去没有实物，但是有证据证明系已被查实生产、销售有毒、有害食品犯罪事实的上线提供的，依照刑法第144条销售有毒、有害食品罪的规定追究刑事责任。

（四）虽无法查明"食用油"是否系利用"地沟油"生产、加工，但犯罪嫌疑人、被告人明知该"食用油"来源可疑而予以销售的，应分别情形处理：经鉴定，检出有毒、有害成分的，依照刑法第144条销售有毒、有害食品罪的规定追究刑事责任；属于不符合安全标准的食品的，依照刑法第143条销售不符合安全标准的食品罪追究刑事责任；属于以假充真、以次充好、以不合格产品冒充合格产品或者假冒注册商标，构成犯罪的，依照刑法第 140 条销售伪劣产品罪或者第 213 条假冒注册商标罪、第 214 条销售假冒注册商标的商品罪追究刑事责任。

（五）知道或应当知道他人实施以上第（一）、（二）、（三）款犯罪行为，而为其掏捞、加工、贩运"地沟油"，或者提供贷款、资金、账号、发票、证明、许可证件，或者提供技术、生产、经营场所、运输、仓储、保管等便利条件的，依照本条第（一）、（二）、（三）款犯罪的共犯论处。

（六）对违反有关规定，掏捞、加工、贩运"地沟油"，没有证据证明用于生产"食用油"的，交由行政部门处理。

（七）对于国家工作人员在食用油安全监管和查处"地沟油"违法犯罪活动中滥用职权、玩忽职守、徇私枉法，构成犯罪的，依照刑法有关规定追究刑事责任。

三、准确把握宽严相济刑事政策在食品安全领域的适用

在对"地沟油"犯罪定罪量刑时，要充分考虑犯罪数额、犯罪分子主观恶性及其犯罪手段、犯罪行为对人民群众生命安全和身体健康的危害、对市场经济秩序的破坏程度、恶劣影响等。对于具有累犯、前科、共同犯罪的主犯、集团犯罪的首要分子等情节，以及犯罪数额巨大、情节恶劣、危害严重，群众反映强烈，给国家和人民利益造成重大损失的犯罪分子，依法严惩，罪当判处死刑的，要坚决依法判处死刑。对在同一条生产销售链上的犯罪分子，要在法定刑幅度内体现严惩源头犯罪的精神，确保生产环节与销售环节量刑的整体平衡。对于明知是"地沟油"而非法销售的公司、企业，要依法从严追究有关单位和直接责任人员的责任。对于具有自首、立功、从犯等法

定情节的犯罪分子，可以依法从宽处理。要严格把握适用缓刑、免予刑事处罚的条件。对依法必须适用缓刑的，一般同时宣告禁止令，禁止其在缓刑考验期内从事与食品生产、销售等有关的活动。

各地执行情况，请及时上报。

最高人民法院

最高人民检察院

中华人民共和国公安部

二〇一二年一月九日

食品药品监管总局关于食用植物油
生产企业食品安全追溯体系的
指导意见

食药监食监一〔2015〕280号

各省、自治区、直辖市食品药品监督管理局，新疆生产建设兵团食品药品监督管理局：

根据《中华人民共和国食品安全法》等法律法规规定，现就食用植物油生产企业建立食品安全追溯体系，提出如下指导意见。

一、适用范围

本指导意见适用于为食用植物油生产企业建立食品安全追溯体系提供依据。本指导意见中所指的食用植物油是以菜籽、大豆、花生、葵花籽、棉籽、亚麻籽、油茶籽、玉米胚、红花籽、米糠、芝麻、棕榈果实、橄榄果实（仁）、椰子果实以及其他小品种植物油料（如：核桃、杏仁、葡萄籽等）制取的原油（毛油），经过加工制成的食用植物油（含食用调和油）。

本指导意见中所指的记录信息包括原料验收、生产过程、产品检验、产品销售、人员设备等主要内容。生产企业要对物料来源、加工过程和产品去向、数量等信息如实记录，确保记录真实、可靠、所有环节可有效追溯。生产企业可结合实际生产情况和保障食用植物油质量安全需要，适当调整或增加记录内容。

二、信息记录

食用植物油生产企业食品安全追溯信息记录应能覆盖生产经营全过程，重点包括以下内容：

（一）原料验收信息

包括原料名称、产地、规格、数量、生产日期（生产批号）、保质期、运输车船信息、供货者信息（名称、地址、联系方式）、合同号（订单号）、入库人员、入库日期、入筒仓号（罐号）、筒仓（罐）期初库存、筒仓（罐）期末库存、验收要求及检验报告编号等。原料为花生及制品的，应记录黄曲霉毒素 B1 的含量。

包装材料、食品添加剂（含食品加工助剂）等可参照上述要求执行。

（二）生产过程信息

包括领料、投料、油脂提取、油脂精炼、包装、物料平衡等信息。分装企业不需要记录油脂提取、油脂精炼信息。

1. 领料信息。包括原料名称、产地、规格、数量、生产日期（生产批号）、出库日期、出筒仓（罐）号、领料人员等。

2. 投料信息。包括原料名称、出筒仓（罐）号、投料日期、进筒仓号（罐号）、数量、内部批号、投料人员等。

3. 油脂提取信息。包括原料名称、提取日期、进罐号、进料量、出毛油量、出饼数、内部批号等提取信息、操作人员、压榨工艺的蒸炒温度、时间和浸出工艺的汽提温度、溶剂残留量等可能影响产品质量安全的关键控制参数。

有蒸炒工序的，企业需验证并记录该工序下食用植物油中苯并（a）芘含量符合标准要求；原料、工艺等发生变化可能影响苯并（a）芘含量时，需对工艺参数重新验证，保证产品中苯并（a）芘含量符合标准要求。

4. 油脂精炼信息。包括原料名称、精炼日期、进料量、出油量、进罐号、内部批号等精炼信息、操作人员、碱炼、脱色、冬化、脱臭等环节的操作温度、油脂酸价和过氧化值等可能影响产品质量安全的关键控制参数。

产品生产过程中有倒罐的，倒罐信息应包括原料名称、倒罐日期、出油罐号、进油罐号、数量、内部批号等。

5. 产品包装信息。包括产品名称、规格、数量、包装日期（生产批号）、原料名称、出罐号、内部批号、操作人员等。

6. 物料平衡信息。食用植物油生产企业应制定并记录不同工艺、不同品种、不同阶段植物油生产物料平衡的核算方法及物料在加工过程中的合理损耗、损耗环节和损耗量及合理说明。记录食用植物油生产过程中废弃油脂的处理信息。

（三）产品检验信息

应包括产品名称、规格、生产日期（生产批号）、检验日期、检测机构、执行标准、检验结果、采样地点和留样信息、检验报告批准人等。

（四）产品销售信息

应包括产品名称、规格、数量、生产日期（生产批号）、保质期、检验合格证号、销售日期（发货日期）、发货地点、出厂检验报告编号、购货者信息（包括名称、地址、联系方式）、销售合同号（订单号）、发货人。从成品油罐直接灌装发货的还需记录油罐号。

（五）人员、设备信息

生产过程中还需根据需要记录相关操作人员和设备设施的信息，确保风险原因可查清，责任可落实。

三、信息管理

企业应建立信息管理制度，明确数据采集、传输、汇总、保存、使用等过程的职责、权限和要求。应能保证：

（一）要根据生产过程要求和科技发展水平，科学设定信息的采集点、采集数据和采集频率等技术要求。

（二）采用信息化手段实时采集数据，以保证数据准确、真实，确需后期录入的应当保留原始信息记录。上一环节和下一环节操作信息要及时核对，汇总的各环节信息及时传输到企业的信息追溯系统。

（三）信息应当系统，形成闭环，做到原辅材料使用清晰、生产过程管控清晰、时间节点清晰、设备设施运行清晰、岗位履职情况清晰。

（四）企业在建立追溯体系中采集的信息，应当从技术上和制度上保证不能随意修改。采用纸质记录存储的，明确保管方式；采用电子信息手段存储的，要有备份系统。明确保管人员职责，防止发生信息损毁、灭失等问题。

四、建立食用油追溯体系

食用植物油生产企业负责建立、完善和实施质量安全追溯体系，通过统一规范，严格管理，保障追溯体系有效运行。

（一）建立制度

企业应理清食用植物油原料来源、生产环节及衔接、物料流向、信息采集要求及记录规则等，建立顺向可追踪、逆向可溯源的食用植物油质量安全追溯制度，明确追溯目标、措施和责任人员，并定期实施内部审核，以评价追溯体系的有效性。企业可根据实际情况选择具体追溯方式，可采用电子或纸质形式记录，如采用二维码、条码、射频识别（RFID）等。建议企业采用信息化手段采集、留存信息，不断完善追溯体系。

（二）制度实施

企业应当按照制定的追溯制度，对信息采集、记录、整理、分析等工作，严格按照追溯制度执行。企业出现产品不符合相关法律法规等规定或生产过程中发生食品质量安全问题的，应当按照企业追溯制度，查清流向，召回产品，排查原因，迅速整改。原辅材料出现问题的，应当立即通报供应商，并对该供应商提供其他原辅料进行排查，同时重新审核供应商资格。有人为因素的，应当追究相关负责人员的责任。

（三）模拟演练

企业应制定演练计划，通过演练，企业应当能够追踪原料验收、生产过程、产品流向等信息；若发现食用植物油追溯制度存在的问题，应组织纠偏并记录。演练预设的食品安全问题可包括基于原辅料缺陷、成品缺陷或其他产品质量问题。

（四）纠偏完善

在追溯体系实施过程中，企业应当及时分析情况、查找问题、不断总结完善，当出现追溯制度与实际问题存在不适用、有缺环、难追溯的情况时，企业应及时组织评审追溯体系，采取适当的纠偏措施和预防措施，促进追溯制度的规范化、科学化。

五、加强监督指导

食品安全监管部门根据相关法律法规和本指导意见，指导、监督食用植物油生产企业建立质量安全追溯体系，督促企业落实质量安全主体责任。省级食品药品监管部门应当根据行政区域食用植物油生产企业实际，制定规划，做好指导、督促、推进和示范工作。可选择有代表性的食用植物油生产企业先行试点，稳步推进实现全覆盖。地方食品药品监管部门要对生产企业建立质量安全追溯体系情况进行监督检查，对于没有建立追溯体系、追溯体系不能有效运行，特别是出现不真实信息或信息灭失的，要依照相关法律法规等规定严肃处理。

食品药品监管总局

2015 年 12 月 31 日

总局办公厅关于进一步加强

餐饮服务单位食用油食品安全

监督管理的通知

食药监办食监二〔2017〕92号

各省、自治区、直辖市食品药品监督管理局，新疆生产建设兵团食品药品监督管理局：

为贯彻落实《国务院办公厅关于进一步加强"地沟油"治理工作的意见》（国办发〔2017〕30号），进一步督促餐饮服务单位落实主体责任，排查餐饮服务单位购进、贮存及使用食用油的食品安全风险隐患，严厉打击违法回收使用废弃油脂犯罪行为，切实保障人民群众的饮食安全。现将有关要求通知如下：

一、督促餐饮服务单位落实主体责任

各级食品安全监管部门要督促餐饮服务单位，特别是经营食用油用量大的火锅、水煮鱼、煎炸类菜品的餐饮服务单位，严格落实食品安全主体责任。一要严把采购关，要从有资质的供货商购入食用油，严格执行进货查验和采购记录制度，逐步实现定点采购预包装食用油和火锅底料。二要严把贮存关，按照贮存要求存放食用油，防止因贮存不当引起变质，及时处理过期食用油。三要严把使用关，按照菜品制作规范使用食用油，购进和使用食用油做到物料平衡。餐饮服务单位严禁回收火锅、水煮鱼等菜品油脂和底料加工食品；严禁购买、回收、使用餐厨废弃油脂、餐厨废弃物作原料加工食用油和食品。

二、加强日常监管和案件查处

各级食品安全监管部门要严格落实监管责任，加强风险防控和隐患排查。一要重点检查各类餐饮服务单位，食用油采购索证索票和查验登记情况、餐厨废弃油脂的处置情况等。二要深入开展排查，严厉打击采购、回收、使用"地沟油"的违法行为，严控"地沟油"流入餐饮服务单位。三要对专项治理、监督检查和群众举报中发现的问题，尽快查清违法事实，依法严肃处理，以"零容忍"的态度，发现一起、查处一起、曝光一起。四要加强与属地公安等部门协调协作，发现购买使用"地沟油""潲水油"、无明确来源和合格证明的"餐饮专用油"加工食品的，追根溯源，并将发现的涉嫌犯罪线索及时通报、移送公安机关追究刑事责任。

三、加强监督抽检和信息发布

各级食品安全监管部门要将餐饮服务单位使用的食用油作为监督抽检重点品种，将群众投诉举报、舆论媒体关注的火锅店等餐饮服务单位列为重点抽检对象。在抽检计划中，将食用油及其质量安全指标列为定期抽检品种和项目，有针对性地开展食用油监督抽检和风险监测。对问题产品和问题单位依法严查重处，及时公开监督抽检信息和处罚信息。

四、强化舆论引导和社会监督

各级食品安全监管部门要充分利用广播、电视、网络、报刊等各类媒体，加大食品安全法律法规和健康用油知识的宣传力度，提高经营者的守法经营意识和消费者的食品安全意识。及时曝光一批非法购进、使用不合格食用油的典型案例，发挥震慑作用。畅通投诉举报渠道，落实有奖举报制度，鼓励餐饮从业人员检举行业"潜规则"问题，鼓励消费者举报，营造全民监督、社会共治的良好氛围。

请各地于 2017 年 10 月 30 日前将专项监管工作情况报送总局食监二司。

联系人：翟强伟（010-88331191）

食品药品监管总局办公厅

2017 年 7 月 4 日

全国大宗油料作物生产发展规划
（2016—2020 年）

关于印发《全国大宗油料作物生产发展规划
（2016-2020 年）》的通知

发改农经〔2016〕1845 号

有关省发展改革委、农业（农机）厅（局）、林业厅
（局）：

为进一步提高我国大宗油料生产能力，增加食用
植物油有效供给，保持一定的国内自给水平，国家发
展改革委和农业部、国家林业局编制了《全国大宗油
料作物生产发展规划（2016-2020 年）》。现印发给
你们，请结合实际扎实推进规划实施。

国家发展改革委

农业部

国家林业局

2016 年 8 月 15 日

引　言

油料是我国重要的大宗农产品，是食用植物油、蛋白饲料
的重要原料。近年来，随着人口增长、生活水平提高和养殖业
发展，食用植物油和蛋白饲料需求量不断增加。但受多种因素

影响，国内油料生产能力增长缓慢，产需缺口扩大，进口增加，对外依存度上升，我国已成为世界上最大的食用植物油和大豆进口国，食用植物油自给率不到40%，迫切需要进一步提高国内油料生产能力，挖掘增产潜力，保持一定的自给水平。我国食用植物油构成中，豆油、菜籽油、花生油和茶油占八成以上，种植规模占95%以上。大力发展这些大宗油料作物生产，对于保障国内油料供给，满足城乡居民消费需求，维护市场稳定，促进农业农村经济发展和农民增收具有重要意义。

根据党的十八大以来一系列全会精神、2015年中央1号文件要求和《中共中央关于制定国民经济和社会发展第十三个五年规划的建议》，国家发展改革委会同农业部、国家林业局等有关部门编制了本规划。按照统筹兼顾、突出重点、优化布局的原则，《规划》围绕油菜籽、花生、大豆、油茶四种主要大宗油料作物，通过打造核心产区，强化科技支撑，完善支持政策等措施，着力突破生产瓶颈制约，引导各地抓好油料生产，提高综合生产能力。规划基期为2014年，规划期为2016-2020年。

一、发展现状

（一）生产波动发展

新中国成立以来，我国草本油料生产大体可分为快速发展、缓慢下滑、稳步发展和波动发展四个阶段。1949-1957年为快速发展阶段，面积从16632万亩扩大到26397万亩，增长59%，年均增长6.0%；产量由709万吨增加到1350万吨，增长90%，年均增长8.3%。1957-1977年为缓慢下滑阶段，面积由26397万亩降至16124万亩，产量由1350万吨降至1040

万吨，分别减少 39%、23%，年均下降 0.3% 左右。1977-2004 年为稳步发展阶段，面积由 16124 万亩增至 32408 万亩，产量由 1040 万吨增至 4493 万吨，分别增长 1 倍、3.3 倍，年均增长 5.5% 左右。2004-2014 年为波动发展阶段，面积从 32408 万亩降至 28487 万亩，减幅 12%，年均减少 0.3%；总产量由 4493 万吨降至 2007 年的最低点 3633 万吨后，近 5 年基本稳定在 4350 万吨水平。油料生产格局逐步优化，形成了长江流域油菜籽、冀鲁豫花生、东北和内蒙古大豆及南方油茶等优势产区。2014 年，长江流域冬油菜籽面积 9905 万亩、产量 1302 万吨，均占全国 88%；西北春油菜籽面积 927 万亩、产量 105 万吨，均占全国 8%；冀鲁豫 3 省花生面积 3249 万亩、总产 932 万吨，分别占全国的 47%、56.5%；东北和内蒙古 4 省区大豆面积 5100 万亩、产量 602 万吨，均占全国 50%；湖南、江西、广西 3 省（区）油茶面积 3630 万亩，占全国 66%。

——油菜籽。油菜籽生产总体呈缓慢增长态势。改革开放前，播种面积在 2000-3500 万亩之间徘徊，产量不到 200 万吨。改革开放后至 2000 年生产快速增长，2000 年面积、产量分别达到 11241 万亩和 1138 万吨，比 1977 年增长 2.4 倍和 8.7 倍。之后，生产波动下滑。2007 年面积、产量降至 8463 万亩和 1057 万吨，分别比 2000 年减少 25% 和 7%。2007 年国家出台扶持政策措施后，生产恢复发展，面积连续 7 年增加，产量稳步提高，2014 年分别达到 11382 万亩和 1477 万吨，均创历史最高水平。

——花生。花生生产总体呈稳步增长态势。改革开放前，花生面积在 3000 万亩上下波动，产量在 500 万吨以下。改革开放至本世纪初快速发展，1995 年产量首次突破千万吨后，2000 -2003 年连续四年超过 1300 万吨，面积达到 7585 万亩，创历史最高水平。2003 年，花生种植出现下滑，2007 年面积、产量为 5917 万亩、1303 万吨，分别比 2003 年减少 22% 和 3%。2007 年开始生产恢复发展，并实现"六连增"。2014 年面积、产量分别为 6906 万亩、1648 万吨。

——大豆。大豆生产总体呈下滑态势。上世纪 60 年代是大豆种植高峰期，年均面积约 1.5 亿亩，最高达到 1.9 亿亩，产量在 800 万吨左右。70 年代之后，大豆生产缓慢下滑，面积最低时仅 10036 万亩。得益于单产提高，产量在 1000 万吨左右徘徊。1992-2009 年生产逐步恢复并达到历史最高水平，面积、产量回升至 14386 万亩、1740 万吨。但之后生产连年下滑，2013 年面积减至 10186 万亩，产量降至 1195 万吨，为近 20 年来新低。2014 年面积、产量分别为 10200 万亩、1215 万吨，较上年小幅增长。

——油茶。油茶生产自上世纪 50 年代末期开始起步，90 年代后种植面积逐年上升，2008 年后步入快速发展阶段。2008 年，全国油茶面积 3400 万亩，油茶籽产量 100 万吨左右（折茶油 25 万吨）。2014 年，全国油茶栽植面积和油茶籽产量分别增加到 5470 万亩、200 万吨，比 2008 年增加 1930 万亩、100 万吨。

（二）面临的制约因素

1. 面积扩大空间有限。我国人均耕地面积和水资源占有量仅为世界平均水平的 40%、28%，随着工业化和城镇化进程加快，耕地面积将继续减少。在有限的水土资源条件下，既要发展粮食生产解决吃饭问题，又要增加棉油糖供给，难度较大。特别是一些农业大省既是油料主产区又是粮食主产区，如江苏、湖北、安徽等省冬小麦与油菜籽是同季作物，河北、山东、河南等省玉米与花生是同季作物，粮油用地矛盾突出。在保障国家粮食安全成为首要任务的情况下，油菜籽、花生、大豆等大宗草本油料面积扩大的空间相对有限。油茶前期投入成本高、挂果期长，农民投入能力不足，面积增长缓慢。

2. 抗灾减灾能力不强。近年来，国家安排投资在主产区建设了一批油料生产基地，但年度投资规模有限。已建的油料基地范围小、覆盖面窄、带动能力弱、工程建设标准低，油料生产基础设施仍然薄弱，抗灾减灾能力不强，已成为制约油料生产能力提升的主要瓶颈。如油菜产区灌排设施不足、工程不配套、年久失修老化、灌排效率下降，易发生渍涝灾害；花生大多种在沙壤地、旱坡地和边角地，土壤保水保肥能力低，耕地质量较差；榨油大豆主产区多为旱区，灌溉水源和设施欠缺，关键农时难以保障适时灌溉。

3. 优良品种选育缓慢。继"双低"油菜之后，国内少有高产稳产高抗的优良油菜品种，单产水平没有显著提高，2004年以来平均亩产在120公斤左右徘徊。目前，油菜品种面临的突出问题是缺乏适宜双季稻区种植的早熟品种，现有品种生育期偏长，茬口不衔接，单产较低；适合机收的品种培育仍处于研究、试验阶段；花生多以自留种为主，品种退化严重，缺少单产、含油率和出仁率等综合性状较好的品种；大豆高产、优质、专用、抗病品种较少，单产和含油率不高。

4. 机械化生产尚待突破。油料机械化收获技术未取得突破性进展，油菜、花生精量化、轻简化、机械化生产技术研究和推广滞后。如油菜移栽仍以人工为主，用工多、成本高，机械化移栽技术还处于试验阶段。收获机械总体上停留在模仿和组装阶段，核心部件依赖进口，机械性能不高，作业效率、损耗率、使用寿命、安全性和舒适性等与进口机械差距较大，功能比较单一。受适宜品种培育缓慢、机械性能落后和农艺农机融合不够等因素影响，主要油料作物耕种收综合机械化水平远低于大宗粮食作物。油茶大多种在山高坡陡地区，没有专业机械，采收成本较高。

5. 比较效益偏低。油料生产费工费时，近年来土地成本、人工费用上涨较快，一些地区农业用工费用年均涨幅超过20%，湖南、湖北等省已涨至每人每天 100 元左右，人工成本占生产成本的比重升至 60% 左右。与粮食作物相比，油料种植比较效益持续偏低，且年际间波动较大。2007-2014 年，小麦收购价格从每斤 0.74 元稳步涨至 1.25 元，涨幅 69%，亩均净利润大多在 100 元以上，而同期油菜籽收购价格虽从每斤 1.75 元涨至 2.58 元，但亩均净利润从 85 元降至 2011 年的 21 元，2012 年开始连年亏损 90 元左右，2014 年亏损额达 142 元，农民生产积极性不高。

（三）产需缺口扩大

1. 需求稳步增长。受人口数量增加、城镇化进程加快及收入水平提高等因素影响，我国植物油消费稳步增长。近年来，随着科学、健康的消费方式逐渐普及，食用油消费增速有所放缓。同时，随着人们生活品质的提升、消费要求逐步提高，以及国家严格执行食用植物油质量标准，在豆油继续作为食用植物油最大品种的同时，菜籽油和花生油的消费比重逐年增加。

2. 产需缺口较大。2014 年，国产油料加工植物油产量与需求量相比，产需缺口约 1900 万吨。今后一段时期，植物油消费需求继续增长，产需仍有较大缺口。此外，2014 年国产油料加工的蛋白饼粕产需缺口约 3300 万吨，主要通过进口弥补。预计 2020 年国产油料加工的蛋白饼粕产需缺口继续扩大。

3. 进口持续增加。由于国内油料产不足需，近年来进口量不断增加。2014 年，进口油菜籽 508 万吨，相当于国内菜籽产量的 1/3，比 2010 年增长 2.2 倍；大豆进口 7140 万吨，是国产大豆的 5.9 倍，创历史最高。油脂进口总体平稳，2014 年棕榈油、豆油和菜籽油分别进口 532 万吨、114 万吨和 81 万吨，与 2010 年基本持平。同时，国际市场油料价格波动加大，如大豆现货价格由 2007 年初的每吨 275 美元涨至 2008 年 7 月的 547 美元，2009 年初又降至 350 美元，2013 年又猛涨至每吨 533 美元。随着国内外市场接轨，国际市场价格波动对国内油料生产影响日益明显，特别是近年国际食用植物油价格低于国内市场，出现了价格倒挂，对国内油料生产十分不利。

（四）经验与启示

1. 培育突破性品种是关键。上世纪 90 年代，我国油菜籽芥酸和硫甙含量偏高，饼粕利用率低，油菜生产发展缓慢。1998 年，国家启动了油菜生产基地建设，大力推广新培育的中油、华杂系列"双低"油菜品种，油菜籽芥酸和硫甙含量分别由 8%、40μmol/g 降至 5%、30μmol/g 以下，提高了饼粕利用率，单产水平由每亩 90 公斤提高到 120 公斤左右，增长 33%，油菜籽种植收益明显增加，调动了农民生产积极性，推动了全国油菜籽生产的发展，播种面积和产量分别由 1997 年的 9713 万亩、958 万吨，增加到 2014 年的 11382 万亩、1477 万吨，增幅分别为 17%、54%。实践证明，高产、优质、多抗油料新品种培育和配套高产栽培技术研究推广，对促进油料生产具有十分重要的作用。

2. 改善生产条件是保障。为提高油菜籽生产能力，从 1998 年开始，国家安排中央预算内投资以地市为单位建设大型"双低"油菜生产基地。2009 年开始，基地建设年度投资规模增加到 2 亿元，建设范围逐步扩展到榨油花生和大豆主产区，建成了一批油料生产基地，改善了基础设施条件，增强了油料生产抗灾减灾能力。同时，2009 年以来国家每年安排中央预算内资金 2 亿元，支持湖南、江西、广西等主产区建设油茶生产基地，新建和改造油茶林，加强油茶良种苗木繁育基地建设。

3. 稳定播种面积是基础。2000 年以来，全国大宗油料作物播种面积从 3.25 亿亩降至 2007 年的 2.75 亿亩，2014 年恢复到 2.84 亿亩，产量相应经历了 4123 万吨、3633 万吨和 4340 万吨的波动过程。大豆随着播种面积下滑，产量相应大幅下降，2000 年、2007 年和 2014 年大豆面积分别为 1.4 亿亩、1.3 亿亩和 1 亿亩，总产分别为 1541 万吨、1273 万吨和 1215 万吨。油茶面积、产值也随着需求增加和价格提高，实现双增长。实践证明，促进油料生产稳定发展，必须确保播种面积稳定。

4. 调动农民积极性是根本。农民生产积极性直接决定油料面积的增减、田间管理的好坏，进而影响油料产量。2004－2006 年，油料种植比较效益大幅下降，其中油菜籽亩均现金收益由 254 元降至 194 元，亩均净利润由 85 元降至 2.8 元，挫伤了农民生产积极性，油菜籽播种面积由 10907 万亩迅速下滑至 8976 万亩。2007 年，国家出台了一系列政策措施，加大扶持力度，加上市场价格上涨，油菜籽亩均利润增至 2008 年的 308 元，油菜面积相应恢复到 2009 年的 10917 万亩。大豆由于单产低于稻谷、玉米，加上种植效益连年下滑，亩均净利润由 2008 年的 178 元降至 2014 年的 41 元，使农民改种玉米等高产高效作物，大豆面积下降。油茶种植由于茶油价格不断提高，农民经营积极性较高，面积稳步增加。

二、发展大宗油料作物生产的重要意义及潜力分析

（一）重要意义

1. 有利于满足多元化的食用油消费需求。未来一段时期，我国油料需求将呈稳中有升的态势，预计到 2020 年油菜籽、花生和大豆三大油料消费总量将达到 1.3 亿吨。进一步加快国内油料作物生产，提高油料自给水平，是稳定国内食用植物油供给的重要举措。油茶等木本油料不饱和脂肪酸含量高，销售价格高，适合中高端人群消费，在一定程度上可替代部分进口橄榄油。

2. 有利于引导农业结构调整和地力提升。大豆种植可改善地力，减少化肥用量，提高产量。油菜、大豆与小麦、玉米等作物间套种，能有效减轻病虫危害，增肥地力，实现增产增收。油茶等木本油料利用丰富的林地资源，不与粮争地。因此，在适宜地区大力发展大宗油料作物，可优化农业结构，转变发展方式，提高农业质量和效益。

3. 有利于促进生产节本增效和农民增收。通过改善油料生

产条件，加快高产、优质、抗逆新品种和配套栽培技术、农机（具）研发推广，实现油料生产全程机械化，可以提高大宗油料作物单产、含油率，降低生产成本，改善油料品质，增加农民收入。

4. 有利于推动贫困地区扶贫攻坚。一些贫困地区资源条件适合油茶、油菜籽等油料生产，种植效益较好，特别是南方山区油茶亩均产值可达 2000-3000 元。在贫困地区因地制宜发展油茶、油菜籽等特色油料生产，可以帮助农民脱贫，符合《中共中央国务院关于打赢脱贫攻坚战的决定》要求。

（二）生产发展潜力

1. 油料面积恢复仍有可能。在不影响粮食生产的前提下，可在一定条件下恢复大宗油料作物种植面积。目前长江流域冬闲田约 1 亿亩，适宜种植油菜的约 4000 万亩，主要集中在长江上中游地区，即湖南、江西、湖北、安徽、贵州、重庆、四川、云南等，可开发种植油菜。三峡大坝蓄水发电后，沿江滩涂增多，可扩大油菜种植 1000 万亩左右。东北地区可恢复种植大豆 3000 万亩以上。北方农牧交错区常年干旱，可适当调减低产玉米面积，实行粮油轮作，扩大耐旱花生种植 500 万亩。

2. 木本油料发展余地较大。油茶等木本油料不与粮争地，是增加油料供给的补充渠道之一。根据《国务院办公厅关于加快木本油料产业发展的意见》，到 2020 年木本油料树种种植面积从现有的 1.2 亿亩发展到 2 亿亩，产出木本食用油 150 万吨左右。目前，14 个油茶主产省区约有 5000 多万亩林地适宜种植油茶。

3. 单产水平提升有潜力。与其他油料主产国相比，我国大宗油料单产有较大提升空间。目前，我国大豆平均亩产仅120公斤左右，比世界平均水平低30公斤，较美国、巴西、阿根廷等主产国低50公斤以上。从国内不同地区生产水平看，单产差距也不小。黑龙江农垦千万亩大豆平均亩产170公斤以上，万亩高产示范片平均亩产200公斤；江苏省油菜平均亩产达到184公斤，比全国平均亩产高42%，比条件相近的浙江、安徽省分别高48公斤和30公斤。全国花生平均亩产239公斤，但河南、山东省平均亩产超过290公斤。新造的高产油茶林亩产茶籽可达到200公斤左右，较目前水平有较大提高。

4. 含油量提高有空间。大宗油料作物中，油菜籽、花生含油量较高，提升潜力较大。近两年国家审定的油菜籽品种大部分含油量在43%以上，多个品种达到50%，比目前大面积推广品种高7个百分点，另外还有一批含油量60%以上的后备品系。花生含油量明显提高，育成一批55%的高油品种，比目前大面积推广品种高5个百分点。东北地区大豆含油量还有一定提升空间。随着新品种、新技术和新工艺的推广应用，油茶籽的含油率可提高2个百分点以上。

三、总体要求

（一）指导思想

深入贯彻党的十八大和十八届二中、三中、四中和五中全会以及中央1号文件精神，以科学发展观为指导，按照推进农业现代化的总体要求，统筹粮油作物生产，在确保粮食安全的前提下，以保持国内食用植物油一定自给水平为目标，围绕稳定面积、优化结构、主攻单产、提质增效，着力加强政策引导和支持，调动农民种植积极性，合理利用耕地林地资源，努力增加油料面积；着力改善基础设施条件，增强抗灾减灾能力，加快良种良法研究推广，提高单产水平和品质；着力加强农机农艺融合，提高主要油料作物生产全程机械化水平，实现节本增效；着力推进产业化经营，提高组织化程度和规模化水平，促进油料生产持续稳定发展。

（二）基本原则

——统筹兼顾，突出重点。根据油菜籽、花生和大豆增产面临的制约因素，结合《全国高标准农田建设总体规划》，以农田建设为重点，多措并举、综合施策，改善生产条件，提高综合生产能力。油茶种植坚持因地制宜、适地适树，新造高产林、改造低产林并重。

——优化布局，调整结构。在不影响粮食生产的前提下，综合考虑水土资源条件、产业发展基础，优化油料生产布局，集中连片建设高产稳产的核心产区。进一步调整油料品种结构，加快推广"双低"优质油菜、专用花生、高油大豆新品种以及油茶高产无性系（品种）。因地制宜推广粮油轮作制度、发展适合不同区域种植的木本油料树种，增加油料面积。

——主攻单产，节本增效。坚持走内涵式发展道路，强化科技支撑，加强适宜机种机收的突破性品种和配套高产栽培技术、专用农机（具）研究，大力推广良种良法良机，加快生产全程机械化步伐，降低生产成本，挖掘增产潜力，推进油料规模化、产业化生产经营，提高经济效益。

——政策引导，市场调节。完善扶持政策，进一步调整财政支出、固定资产投资和信贷投放结构，加大对大宗油料生产的支持力度，构建促进油料增产的投入支持机制。在充分发挥市场机制作用的基础上，加强市场调控，保障合理收益，保持市场基本稳定，保护农民生产积极性。

（三）发展目标

结合《全国种植业结构调整规划（2016-2020年）》，进一步调整优化种植结构，适当扩大大宗油料面积，稳步提高单产水平。到2020年，油菜籽、花生、大豆、油茶籽四大油料播种面积力争达到4亿亩左右，总产量5980万吨，分别比2014年增加6242万亩、1440万吨。其中，油菜籽面积、产量分别力争达到1.2亿亩、1620万吨，比2014年增加618万亩、143万吨，增加的区域主要是长江流域稻油轮作区；花生面积、产量分别力争达到7200万亩、1870万吨，比2014年增加294万亩、222万吨，增加的区域主要是黄淮海玉米花生轮作区和东北农牧交错区；大豆面积力争恢复到1.4亿亩，总产量1890万吨，分别比2014年增加3800万亩、675万吨，增加的区域主要是东北玉米大豆轮作和黄淮海地区低产玉米改种大豆；油茶籽面积扩大到7000万亩，油茶籽产量600万吨，分别比2014年增加1500万亩、400万吨。主要油料作物耕种收综合机械化率提高5个百分点以上，其中油菜籽机械化收获水平显著提升。通过四大油料作物产能提升，增产食用植物油约230万吨，食用植物油自给率提高3-5个百分点，力争达到40%。

大宗油料生产发展目标

指标	2014 年	2020 年	2020 年比 2014 年增加
一、面积（万亩）			
油菜籽	11382	12000	618
花生	6906	7200	294
大豆	10200	14000	3800
油茶	5470	7000	1530
合计	33958	40200	6242
二、产量（万吨）			
油菜籽	1477	1620	143
花生	1648	1870	222
大豆	1215	1890	675
油茶籽	200	600	400
合计	4540	5980	1440
三、单产（公斤/亩）			
油菜籽	130	135	5
花生	239	260	21
大豆	119	135	16
油茶籽	36	86	50
四、含油量			
油菜籽	41%	43%	2%
花生	50%	52%	2%
大豆	19.5%	21%	1.5%
油茶籽	25%	27%	2%

四、主要建设任务

针对当前制约油料生产的主要因素，今后一段时间大宗油料产能建设的主要任务是：改进耕作制度，大力推行粮油轮作、开发利用南方冬闲田和荒山荒坡资源，努力扩大油料种植面积；加快早熟、适宜机收等突破性品种选育、配套高产栽培技术和先进适用农机（具）研发，实现良种良法配套、农机农艺融合，提高单产水平，降低人工成本；加强核心生产基地建设，改善基础设施和物质装备条件，提高油料生产规模化、标准化、机械化水平。

（一）适当扩大种植面积

充分利用光温和水土资源条件，鼓励农民开发利用南方冬闲田种植冬油菜，稳步扩大北方春油菜种植，努力增加油菜籽播种面积。推广合理轮作和间套复种等种植方式，扩大大豆和花生面积。开发利用北方沙质土壤耕地，因地制宜扩大花生种植面积。利用荒山荒坡新造油茶林，增加油茶种植面积。

（二）努力提高单产水平

一是加快选育突破性品种。加强油料育种科研能力建设，深入推进国家大豆良种重大科研联合攻关，充分挖掘种质资源潜力，提升新品种研发水平，加快培育丰产性好、成熟期一致、结荚集中、耐密植、抗裂角、抗倒伏等适合机械化收获的油菜新品种、适宜南方双季稻区种植的早熟油菜品种，以及高产、高油、专用、耐旱、耐盐碱、抗病性强的花生、大豆新品种。二是研究推广高产栽培技术，促进良种良法配套。加强技术指导，引导农民实行规范化、标准化种植，提高技术到位率。油菜籽重点推广合理密植、机械收获、轻简栽培等技术；花生重点推广精量播种、机械化收获、地膜覆盖技术，提高商品化供种水平；大豆重点推广窄行密植、种子包衣等技术。三是改善生产条件，提高抗灾减灾和可持续发展能力。四是加快高产油茶良种的选育和扩繁，满足新建和改造油茶基地的需要，加快改造现有低产林，提高油茶籽产量。

（三）推进生产全程机械化

加强农机农艺融合，加快先进适用、节能环保、经济高效的油料种植、收获机械（具）研发，大力推进主要油料作物生产全程机械化，充分发挥农机在节本增效和提质增产方面的重要作用。积极发展农机大户、农机合作社等农机服务组织、建立健全农机社会化服务体系，鼓励开展跨区深松整地、机播机收等作业，为油料生产提供专业化、规模化的农机服务。

（四）提高含油量和出油率

加快现有优质、高油品种推广普及，进一步加强高油品种选育，促进品种更新换代，提高作物含油量。同时，加强油脂加工企业技术改造，采用先进的加工技术和设备，提高出油率。

五、区域布局与分品种分区增产任务

从油菜籽、花生、大豆优势产区中筛选 514 个生产大县作为生产能力建设的核心区。其中，油菜籽、花生生产大县年均种植面积 10 万亩以上，大豆生产大县年均种植面积 15 万亩以上。油茶种植重点区域为《全国油茶产业发展规划（2009 - 2020 年）》确定的 519 个县。根据 2020 年油料生产发展目标，分别确定核心区与其他区域的增产任务。

（一）油菜籽

油菜籽优势产区包括长江中下游冬油菜产区、西南冬油菜产区和西北春油菜产区，在上述优势产区中，选择油菜籽种植面积 10 万亩以上的 356 个生产大县作为核心区。力争到 2020 年，核心区油菜籽播种面积、产量分别达到 8700 万亩、1100

万吨以上，占全国的 73% 和 68%，分别较目前增加 618 万亩、143 万吨。

1. 长江中下游冬油菜产区。包括江苏、浙江、湖北、湖南、江西、安徽省及河南信阳地区。该区域属亚热带季风气候，光照充足，热量丰富，冬无严寒，适宜冬油菜生长。上述省区耕地面积 2.28 亿亩，油菜籽种植面积 6800 万亩，产量 880 多万吨，均占全国的 60% 左右，是全国油菜籽面积最大、分布最集中的产区。其中，10 万亩以上的 212 个生产大县播种面积 5350 万亩，产量 649 万吨，分别占该区域的 79% 和 74%。

该区域油菜籽生产的主要制约因素：一是生产机械化程度低。适合机收的品种和先进适用的机具尚处于研究阶段，油菜籽机收水平低，收获主要靠人工，劳动强度大，生产成本高；二是缺乏早熟、高产品种及配套栽培技术。现有主栽品种生育期 220 天左右，而双季稻区晚稻收获和早稻插秧间隔只有 180 天，茬口紧张，油菜籽生育期不足，单产较低，冬闲田利用率不高；三是油菜籽播种、移栽、越冬和收获期易发生干旱、渍害和冻害等气象灾害，直接影响产量形成。

该区域油菜籽生产的主攻方向：加快研发、审定和推广适合机收的新品种和配套收获机械（具），完善机耕道等设施，方便机械田间作业，提升生产机械化水平；抓紧培育短生育期的品种，开发利用冬闲田；推广合理密植等高产栽培技术，提高单产水平；加强小型农田水利设施建设，提升灌排保障能力。力争到 2020 年，该区域油菜籽播种面积、产量分别达到 7000 万亩、940 万吨以上，其中 212 个生产大县面积、产量分别达到 5600 万亩、700 万吨以上。

2. 西南冬油菜产区。包括四川、贵州、云南、重庆、陕西等省（市），该区域气候温暖，有效积温高，空气湿润，云雾和阴雨日多，相对湿度大。上述省市耕地面积 8000 万亩左右，油菜籽种植面积 3400 万亩，产量 460 万吨，均占全国 30%。其中，10 万亩以上的 125 个生产大县油菜籽面积 2190 万亩，产量 310 万吨，分别占该区域的 64% 和 68%。

该区域油菜籽生产的主要制约因素是：除成都平原等地外，大部分地区为丘陵山地，地块相对零碎，油菜籽种植比较分散，不利于机械化生产；农田水利设施薄弱，蓄水设施不足，排灌能力不强，丘陵地易遭受旱灾、低洼地易发生渍害。

该区域油菜籽生产的主攻方向：加强土地整治和梯田整修，建设集中连片的生产基地；加快研究适宜机收的品种和适合当地特点的小型、多功能收获机械，完善机耕道等设施，提升机械化水平；因地制宜加强蓄排水设施建设，改善农田水利设施条件。到 2020 年，该区域油菜籽播种面积、产量分别达到 3700 万亩、520 万吨以上，其中 125 个生产大县面积、产量分别达到 2500 万亩、370 万吨以上。

3. 北方春油菜产区。主要包括青海、内蒙古、甘肃、新疆等省（区），油菜生产为一年一熟制。该区域油菜籽播种面积 900 万亩，产量 100 万吨，均占全国 8%，平均亩产约 110 公斤。其中，10 万亩以上的 19 个生产大县油菜籽面积 530 万亩，产量 65 万吨，分别占该区域的 59% 和 65%。该区域日照时间长，降雨量少，昼夜温差大，适宜作物油脂积累和良种繁育，油菜籽也是该区域传统的经济作物，菜籽含油量、机械化生产水平、单产水平较高。

该区域油菜籽生产的主要制约因素是灌溉用水不足，现有品种耐寒、耐旱性不强。油菜籽生产的主攻方向是抓好抗旱、耐寒品种选育和推广，改进耕作制度，扩大种植面积；加强雨水蓄积设施和节水灌溉设施建设，合理开发灌溉水源，提高灌溉保障率。到 2020 年，该区域油菜籽播种面积、产量分别达到 970 万亩、120 万吨以上，其中 19 个生产大县面积、产量分别达到 610 万亩、80 万吨以上。

（二）花生

榨油花生优势产区主要包括山东、河南、河北 3 省，常年播种面积 3200 万亩、总产 900 多万吨，均占全国一半左右。平均亩产 280 公斤，较全国平均亩产高 1/4。花生生产的主要制约因素：一是缺乏优质、专用、高油品种，花生平均含油率只有 45% 左右；二是由于用种量大（每亩 20-25 公斤），用种成本高，农民大多使用自留种，影响新品种的推广应用。此外，花生属于常规品种，种子繁殖系数小、利润低，企业育种积极性不高；三是花生大多种在瘠薄地，耕地质量较差，灌溉用水不足，旱灾频繁，抗灾减灾能力弱。

在上述 3 省中选择种植面积 10 万亩以上的 97 个花生生产大县作为核心区，在不影响粮食生产的前提下，挖掘沙壤地等资源潜力，扩大种植面积；加强高产、高油、专用新品种培育和推广，提高商品化供种水平，加快品种更新换代；普及地膜覆盖、土壤培肥、机播机收等高产节本高效栽培技术，提高单产水平和经营效益；加强节水灌溉、机耕道等田间设施建设，改善生产条件，提高综合生产能力。到 2020 年，核心区花生播种面积、产量分别达到 2500 万亩、700 万吨以上，分别增加

150 万亩、50 万吨，占全国新增产能的 1/4；其它地区播种面积、产量分别为 4700 万亩、1170 万吨以上，分别增加 144 万亩、170 万吨，占全国新增产能的 3/4。

（三）大豆

大豆优势产区主要在东北三省和内蒙古东部，常年播种面积 5000 万亩，产量 600 万吨，均占全国的一半左右。该区域与美国大豆—玉米带纬度相近，属中、寒温带大陆性季风气候，雨热同季，昼夜温差大，光照充足，人均耕地面积较多，户均种植规模较大，机械化作业水平和大豆商品率较高。大豆生产的主要制约因素：一是旱灾频繁发生，影响适时播种和正常开花结荚；二是高产、优质、专用品种和配套栽培技术推广到位率低，单产水平不高，混种混收问题突出，产品一致性较差；三是重迎茬种植比较普遍，病虫害较重。

在上述 4 省（区）中，选择种植面积 15 万亩以上的 61 个大豆生产大县作为核心区，发挥非转基因大豆的生产优势，通过完善农田水利设施，加快选育和推广高产、优质、专用新品种，推广以合理密植为核心的高产栽培技术，推进区域化、规模化、标准化生产和产业化经营，提高单产水平和种植效益。实行大豆玉米轮作制度，减轻重迎茬危害，扩大大豆面积。到 2020 年，核心区大豆播种面积、产量分别达到 5000 万亩、770 万吨以上，分别增加 800 万亩、185 万吨，占全国新增产能的 2/3；其它地区播种面积、产量分别为 6500 万亩、730 万吨以上，分别增加 500 万亩、100 万吨，占全国新增产能的 1/3。

（四）油茶

油茶栽植主要分布在湖南、江西、广西、浙江、福建、广东、湖北、贵州、安徽、云南、重庆、河南、四川和陕西等14省（区），2014年，上述省区油茶面积5470万亩，油茶籽产量200万吨，平均亩产36公斤，其中江西、湖南、广西三省区占全国油茶总面积的66%。油茶生产的主要制约因素是：油茶新造林前期投入大、生长周期长，老油茶林管理粗放，单产水平低，急需改造；机械化研发进展较慢，生产成本高。

按照《全国油茶产业发展规划（2009-2020年）》，湖南、江西、广西3省（区）的271个县（市、区）为核心发展区，浙江、福建、广东、湖北、贵州、安徽、广西7省（区）的248个县为积极发展区。力争到2020年，重点区域内油茶面积达到6300万亩，产量达到567万吨以上，新增产能396万吨；其它地区栽培面积、产量分别为700万亩、63万吨，新增产能44万吨，占全国的10%。

此外，在大力发展大宗油料作物生产的同时，引导和鼓励适宜地区根据市场需求情况，因地制宜发展芝麻、油葵、核桃、长柄扁桃等小品种油料生产，积极稳妥地扩大种植面积，改良作物品种，提高生产水平，多渠道增加油料总产量，实现油料供给多元化。

六、重点建设工程

根据我国食用植物油的来源构成，以增加大宗油料供给为目标，着力加强良种科研繁育、农机具研发等科技支撑能力建设，大力推进高产稳产油料生产基地建设，打造一批集中连片、长期稳定、设施完善、技术先进的油料生产核心区，辐射带动全国油料生产的发展。

（一）油料生产基地田间工程建设

综合考虑中央财力状况和投资可能，按照成片区开发、整体推进的原则，将全国 514 个油菜籽、花生和大豆生产大县作为油料生产能力建设的重点，完善小型农田水利等田间工程设施，新增油料生产基地 2200 万亩左右，提升整体生产水平。其中，建设高产稳产油料生产核心示范基地 1028 万亩（每县集中连片建设 2 万亩以上，新增千亿斤粮食产能规划范围内301 个县、602 万亩）。分品种重点县为，油菜籽 356 个、花生97 个、大豆 61 个（新增千亿斤粮食产能规划产粮大县分别为182 个、70 个和 49 个）。主要建设内容：实施土壤改良工程，平整土地，修建和完善田间水利工程，补打机电井，完善节水灌溉设施，推广以肥改土、以土改土技术，加快建设高标准农田。

（二）油茶林建设

将核心发展区和积极发展区的 519 个县，作为未来油茶生产能力建设的重点区域，通过新造和改造油茶林，加强新品种培育和高效栽培技术研究推广，提高生产水平。主要措施包括：在海拔 800 米以下，相对高度 200 米以下，坡度 25°以下，土层深厚的宜林荒山荒地开展新造油茶林；对于品种差、林相乱、病虫害严重的衰老林，全部采用良种化、规范化更新造林，加速改善林分结构；对长势较旺盛但劣种、劣株的纯林占主导地位的林分，调整林分密度，去劣留优，采取高接换冠嫁接良种，改劣种林为良种林；对现有林分中已进入盛果期，但由于株行距不均、林龄不一，加之疏于管理，产出较低的林分，采取合理垦复、补植、间伐和施肥等抚育管理措施，使之在短时间内达到丰产稳产。

（三）良种繁育体系建设

一是在已建国家油料改良中心和国家大豆改良中心的基础上，进一步更新完善研究设备条件，同时加强花生育种创新能力、油茶工程技术研究能力建设，提高优良品种选育水平。二是根据油料作物的特点、产区布局和育种技术力量分布，建立和完善全国油料作物原原种、原种繁育基地、种质资源保存基地，为良种繁育提供优质种源。三是建立和完善大宗油料作物良种繁育基地，特别是加强花生、大豆、油茶等繁殖系数低、良种推广慢的良种供应能力建设。平均每个良种生产基地建设规模 8000-10000 亩左右，生产良种满足 30 万亩以上的用种需求。分别建设油茶定点采穗圃、苗圃 3 万亩和 2 万亩。

（四）全程机械化推进工程

一是针对油料生产作业机具功能单一、质量水平不高、性能不稳定等薄弱环节，依托部分农机研究院校，通过完善实验室、试验场地等基础设施和科研仪器设备，搭建开放式研发平台，加强与农机制造企业协作攻关，加快油菜、花生、油茶等油料作物播种、植保和收获机具研发，提高机具质量性能和通用性。二是在大宗油料主产区特别是优势产区，选择一批机械化服务基础较好的生产大县，建立油料生产机械化示范基地。通过引进、示范推广先进适用的机械化生产新技术、新机具，突破关键薄弱环节，组装配套全程机械化生产体系，加强技术培训，强化示范推广，积极发展各类农机服务组织，开展社会化服务，加快油料生产机械化发展步伐。

规划所需投资立足发挥中央、地方政府和社会等多方面积极性，通过多种途径解决。其中，中央扶持资金以现有渠道为基础，以完成规划任务为目标，在不改变现行管理办法的前提下，统筹结合农业综合开发、土地整治、新增千亿斤粮食产能规划田间工程、现代农业生产发展、大型灌区续建配套及节水改造，以及种业、重点防护林建设等渠道投资，加大重点工程投入力度，加快油料生产能力建设。地方政府要进一步调整优化财政支出结构，增加油料生产投资。同时，创新投融资模式，建立健全多元化筹资机制，引导专业大户、家庭农场、农民合作社和农业企业等新型经营主体和工商资本投资油料产能建设；探索实行委托代建购买服务等方式，吸引各类社会资金用于规划项目建设，拓宽投资来源；采取财政贴息、先建后补等方式，发挥财政资金的引导和杠杆作用，鼓励政策性银行和开发性金融机构提供长期稳定的信贷资金支持。

七、经济社会效益分析与环境影响评价

（一）经济、社会效益评价

1. 经济效益。通过高产稳产油料基地建设，可以改善油料生产设施条件，加快高产、优质、抗逆新品种和配套栽培技术、农机（具）研发推广，实现油料生产全程机械化，提高我国油料生产水平，增加油料供给。项目实施后，预计到规划期末，大豆产量将增加 675 万吨，花生增加 222 万吨，油菜籽增加 143 万吨，油茶籽增加 400 万吨。规划实施具有良好的经济效益。

2. 社会效益。规划实施后，能极大改善高标准油料生产示范基地设施条件，大幅提高油料生产效率，推动基地农户向非农产业转移，进而加快土地流转、实施规模化经营。通过加强油料生产条件建设，能发挥基地的辐射带动效应，示范带动当地油料生产。示范基地建设也在一定程度上带动农业就业和关联产业发展，规划实施具有良好的社会效益。

（二）环境影响评价

油料生产示范基地建设主要在农田实施，并购置必要的农机（具）。开发利用水资源可能对环境和其他经济社会用水产生影响，应进行水资源论证，合理控制水资源开发程度，协调好生活、生产和生态用水，确定合理灌溉用水量，保持水资源平衡；部分灌溉农田和排涝退水将对河流水质产生影响，需提前做好预防工作。在山丘区建设油料生产基地时，应采用坡改梯、顺坡改垄、修地埂植物带等水土保持措施，防止不合理的耕作方式造成水土流失，有效保护水土资源。此外，化肥、农药等投入品使用量增加，对环境产生一定影响。如盲目、超量施肥，会导致农业面源污染；长期单一施用化肥，会使土壤酸化、板结；未吸收利用的氮磷肥料进入地下或地表水体，造成水体富营养化；过量使用杀虫剂、除草剂会抑制土壤微生物，影响土壤中酶的活性、营养物质的转化，降低地力，也会危害地表水或地下水水质。为此，要推广测土配方施肥，因地施肥，减少化肥用量，提高使用效率，推广高效施肥技术，合理深施，改变传统施肥习惯，要培育抗病虫的新品种，提高作物抗性，减少农药用量，通过预测预警、统防统治、精准施药，降低农药用量，发展生物农药、鼓励利用天敌进行生物防治，减轻对生态环境的影响。

八、规划实施的保障措施

（一）强化组织领导

各地区、各有关部门要统一思想、提高认识，高度重视大宗油料生产，把发展油菜籽、花生、大豆和油茶生产、保障食用植物油供给作为重要内容摆上议事日程。要切实加强组织领导，成立由政府主管领导负责，相关部门分工协作、密切配合的规划实施领导小组，统筹发展粮、油及其他经济作物生产，细化促进大宗油料发展的各项措施，完成规划确定的建设任务。

国务院有关部门要加大对大宗油料发展的支持力度，加强沟通协作，稳步推进规划实施。发展改革委做好综合协调工作，财政部门落实支持油料生产的各项资金，农业、林业部门做好生产指导和技术服务，加强油料新品种、新技术研究，加快良种良法推广应用。农业（农机）、林业、发改、工信等部门抓紧农机研发与产业化及油料生产全程机械化。水利部门指导水利工程建设工作，合理调配水资源，保障生产用水需要。科技部门负责抓好油料生产科研工作，加强基础性、公益性研究，加快油料科技进步和创新。

（二）加大政策扶持力度

中央预算内投资、农业综合开发资金、土地整理开发资金、农田水利建设资金等，要积极向规划确定的油料生产大县倾斜，加快高产稳产油料基地建设。加大对油料生产的补贴力度，增加产油大县奖励资金，并将奖励资金直接用于发展油料生产，调动农民种油和基层政府抓油的积极性。采取多种方式，支持保险机构开展油料作物保险业务。探索建立油料生产多元化投入机制，实行油料生产贷款贴息、财政资金奖励等政策，构建财政资金与信贷资金融合配套的政策支持体系。鼓励企业投资建设大宗油料生产基地，吸引社会资金投向油料生产。创新投资机制，采取以奖代补等形式，鼓励和支持基层政府和广大农民开展小型农田水利设施等建设，特别是积极利用冬闲田和改造盐碱地，进一步提高油料生产能力。鼓励农机厂商围绕节本增效进行升级改造，重点支持油料播种和收获机械研发，加快推进油料生产全程机械化。

（三）加强科技创新和推广应用

整合油料科研力量，利用现有资源，搭建基础性、公益性研发平台，加强油料科研工作，加快油料科技创新，实现品种和技术新突破。坚持农机农艺融合，根据农机作业需要调整品种选育目标，加快在品种、配套栽培技术及收获机具等领域有所突破，促进大宗油料生产全程机械化。择优支持油料品种培育与产业化，推动油料新品种繁育及其产业化进程。完善以农技推广机构为主体，科研单位、大专院校、企业和农业社会化服务组织广泛参与的新型推广机制，提升农技推广人员素质，切实抓好油料技术推广服务工作。大规模开展绿色高产高效创建，选择基础条件好、增产潜力大的县市整建制推进，大面积示范带动油料高产稳产，推动科技成果转化。

（四）推进产业化经营

引导土地有序流转，加强土地整治，促进油料作物集中连片种植。培育和发展农民专业合作组织，推动大宗油料规模化、标准化、专业化生产，提升组织化程度，实行统一经营。按照促进农村一二三产业融合发展的思路，扶持一批规模大、水平高的油料加工龙头企业，增强企业带动农户能力，引导加工企业与农民、合作组织建立产销协作关系，大力发展订单生产，实现油料产业化经营。支持生产大户、合作组织入股油脂加工企业，形成利益共同体，促进产业链上下游协作。支持油脂加工企业与科研单位合作形成产学研协同创新，增加科研和生产投入，尽快在品种研发、配套栽培技术及收获机具等领域有所突破。完善以农技推广机构为主体，科研单位、高等院校、企业和农业社会化服务组织广泛参与的新型推广机制，积极为农民提供良种和技术服务。

（五）加强市场调控

加强油料生产、消费和进出口监测分析，及时、准确掌握大宗油料和食用植物油市场动态情况。强化市场价格调控，完善油菜籽和大豆价格政策，保障油料种植效益，保护农民生产积极性。充分发挥期货市场功能，引导新型经营主体参与期货交易。进一步完善中央和地方两级储备体系，发挥稳定市场、保障供给的作用，支持大型粮油加工企业参与商业周转储备。

植脂奶油

中华人民共和国国内贸易行业标准

SB/T 10419—2017

（2017 年 1 月 13 日中华人民共和国商务部发布，2017 年 10 月 1 日实施）

前　言

本标准按照 GB/T 1.1—2009 给出的规则起草。本标准代替 SB/T 10419—2007《植脂奶油》，与 SB/T 10419—2007 相比，主要修改如下：

——对规范性引用文件进行了调整；

——对"植脂奶油"的定义进行了完善；

——新增加了产品分类；

——根据产品分类调整了水分和脂肪的理化指标要求；

——将原"卫生指标"调整为"食品安全指标"，并与国家食品安全标准保持一致；

——将原"标签及贮存"调整为"标签、标志、包装、运输、贮存和产品经营"，并结合产品特点对包装、运输、贮存提出标准要求。

本标准由中国商业联合会提出。

本标准由全国焙烤制品标准化技术委员会糕点分技术委员

会（SAC/TC488/SC1）归口。

本标准主要起草单位：盐城顶益食品有限公司、上海海融食品科技股份有限公司、维益食品（苏州）有限公司、南侨食品（上海）有限公司、广东立高食品有限公司、北京味多美食品有限责任公司、广东广益科技实业有限公司、阿胡斯卡尔斯油脂（上海）有限公司、国家食品质量监督检验中心、中国食品工业协会面包糕饼专业委员会、中国焙烤食品糖制品工业协会、全国工商联烘焙业公会、广州质量监督检测研究院、上海市质量监督检验技术研究院、天津市糕点行业协会。

本标准主要起草人：略。

本标准历次版本发布情况为：——SB/T 10419—2007。

植脂奶油

1 范围

本标准规定了植脂奶油的术语和定义、产品分类、原辅料、技术要求、检验方法、检验规则和标签、标志、包装、运输、贮存和产品经营要求。本标准适用于植脂奶油的生产、检验和销售。

2 规范性引用文件

下列文件对于本文件的应用是必不可少的。凡是注日期的引用文件，仅注日期的版本适用于本文件。凡是不注日期的引用文件，其最新版本（包括所有的修改单）适用于本文件。

GB/T 191 包装储运图示标志

GB/T 317 白砂糖

GB 2716 食用植物油卫生标准

GB 5009.3 食品安全国家标准 食品中水分的测定

GB 5009.6 食品安全国家标准 食品中脂肪的测定

GB/T 5461 食用盐 GB 5749 生活饮用水卫生标准

GB 7718 食品安全国家标准 预包装食品标签通则

GB 14881 食品安全国家标准 食品生产通用卫生规范

GB 15196 食品安全国家标准 食用油脂制品

GB 28050 食品安全国家标准 预包装食品营养标签通则

GB 31621 食品安全国家标准 食品经营过程卫生规范

JJF 1070 定量包装商品净含量计量检验规则

《定量包装商品计量监督管理办法》国家质量监督检验检疫总局令〔2005〕第 75 号

3 术语和定义

下列术语和定义适用于本文件。

3.1 植脂奶油 non-dairy whipping cream 以水、糖、食用植物油、食用氢化油、乳制品（如奶油、乳粉）等其中的几种为主要原料，添加或不添加其他辅料和食品添加剂，经过配料、乳化、杀菌、均质、冷却、灌装等工艺制成的产品。

3.2 打发 whipping 通过机械搅拌，使植脂奶油与空气混合，并使其体积产生膨胀的过程。

3.3 打发倍数 overrun

相同体积未打发植脂奶油与已打发植脂奶油的质量比。

4 产品分类

4.1 植脂类：在产品配料中使用的油脂全部为植物油脂的制品。

4.1.1 氢化型：在产品配料中使用食用氢化油制成的植脂类制品。

4.1.2 非氢化型：在产品配料中使用非氢化食用植物油制成的植脂类制品。

4.2 含乳脂类：在产品配料中使用的油脂中加入乳脂成分的制品。

4.2.1 氢化型：在产品配料中使用食用氢化油且含有乳脂成分的制品。

4.2.2 非氢化型：在产品配料中使用非氢化食用植物油且含有乳脂成分的制品。

4.3 其他类：在产品生产中采用其他原辅料（或工艺）制成的制品。

5 原辅料

5.1 白砂糖

应符合 GB/T 317 的规定。

5.2 食用植物油

应符合 GB 2716 的规定。

5.3 食用盐

应符合 GB/T 5461 的规定。

5.4 生活饮用水

应符合 GB 5749 的规定。

5.5 食用氢化油

应符合 GB 15196 的规定。

5.6 其他原辅料

应符合相关国家标准或行业标准的规定。

6 技术要求

6.1 感官要求

应符合表 1 的规定。

表 1 感官要求

项目	要求
色泽	颜色均匀、有光泽
组织形态	非冷冻产品或冷冻产品解冻后呈均匀、细腻的液态
口味、口感	具有该产品应有的口味、口感
杂质	无正常视力可见杂质

6.2 理化指标

应符合表 2 的规定。

表 2 理化指标

项目		指标		
		植脂类	含乳脂类	其他类
水分/（g/100g）	≤	68		85
脂肪/（g/100g）	≥	10	12	5
打发倍数 a	≥	3	2	–
a打发倍数适用于需打发的产品。				

6.3 食品安全指标

应符合 GB 15196 的规定。

6.4 净含量

应符合《定量包装商品计量监督管理办法》的规定。

6.5 生产加工过程

应符合 GB 14881 和相关国家标准的规定。

7 检验方法

7.1 样品处理

把低温贮藏（-18℃以下）的植脂奶油产品置于不高于 7℃的冷藏柜中，直至产品成为全融状态。解冻后的样品应保存在低于 7℃的冷藏柜中，并在 24h 之内完成取样工作，取样检验时振摇均匀。

7.2 感官

用不锈钢勺取非冷冻或已解冻摇匀的植脂奶油样品约 20g，置于干燥的白瓷盘中，在室温、自然光（或相当自然光）的条件下通过视觉、嗅觉和触觉器官对样品进行检验，并按表 1 的要求给出文字描述和检验结论。

7.3 理化指标

7.3.1 水分

按 GB 5009.3 规定的方法测定。

7.3.2 脂肪

按 GB 5009.6 规定的方法测定。

7.3.3 打发倍数

取已解冻摇匀的植脂奶油样品 800g 于 5L 的搅拌机容器中，在室温 20℃±2℃、样品温度 3℃-10℃、打发速度 180r/min-210r/min 的条件下，将样品打发至光泽消失，软尖峰出现，此样品用于测定打发倍数。取一干燥的平口烧杯称量。用称量纸作筒将打发好的植脂奶油样品小心挤入烧杯中（挤的过程中注意不要混入汽泡），挤满并用刮刀括去超出杯口的部分后称量，将同一烧杯洗净、擦干，注满已完全化冻未打发的植脂奶油样品称量，按式（1）计算打发倍数。

$$X = \frac{m_2 - m_0}{m_1 - m_0} \qquad (1)$$

式中：

X——打发倍数，单位为倍；

m_2——未打发样品和烧杯的总质量，单位为克（g）；

m_0——空烧杯质量，单位为克（g）；

m_1——打发后样品和烧杯的总质量，单位为克（g）。

7.4 食品安全指标

按相关食品安全国家标准规定的方法检验。

7.5 净含量

按 JJF 1070 规定的方法检验。

8 检验规则

8.1 组批

同一天生产的、同一包装规格的产品为一批。

8.2 抽样

从每批产品中随机抽取 3 个独立包装用于留样和检验。

8.3 出厂检验

8.3.1 每批产品应经过工厂检验部门按标准检验合格后方可出厂。

8.3.2 出厂检验项目：感官指标、脂肪、净含量。

8.4 型式检验

8.4.1 正常生产时每 6 个月进行一次型式检验。有下列情况之一时亦应进行型式检验：

a）新产品试制鉴定；

b）连续生产一年；

c）主要原料、工艺有较大变化时；

d）停产后又恢复生产；

e）出现严重质量问题时；

f）国家质量监督机构进行抽查时。

8.4.2　型式检验项目包括本标准中 6.1、6.2、6.3、6.4 和 9.1.1 规定的项目。

8.5　判定规则

微生物指标中大肠菌群、霉菌若有一项不合格，则判定该批产品为不合格；其他指标不合格，则允许加倍抽样，并对不合格项目进行复检，若复检结果仍有一项不合格，则判该批次产品为不合格。

9　标签、标志、包装、运输、贮存和产品经营

9.1　标签、标志

9.1.1　标签

应符合 GB 7718 和 GB 28050 的规定。

9.1.2　标志

储运标志应符合 GB/T 191 的规定。

9.2　包装

9.2.1　包装材料应符合相关国家标准和行业标准的规定。

9.2.2　单件包装应完整，封口严密。包装箱应牢固、完整，外表清洁。

9.3　运输

9.3.1　包装材料应符合相关国家标准和行业标准的规定。

9.3.2 运输车辆应符合食品卫生要求。

9.3.3 不应与有毒、有异味的物品混装、混运。

9.3.4 运输时应防止挤压、曝晒、雨淋，装卸时应轻搬轻放，不得倾斜。

9.3.5 冷冻产品应采用冷链运输，以保证产品的冷冻状态。

9.3.6 非冷冻产品按照产品规定的温度运输。

9.4 贮存

9.4.1 冷冻产品应贮存在 –18℃以下的冷库中。

9.4.2 非冷冻产品应根据产品规定的温度贮存。

10 产品经营

应符合 GB 31621 的规定。

食用植物油及其制品生产卫生规范

中华人民共和国国家标准

GB 8955—2016

(2016 年 12 月 23 日中华人民共和国国家卫生和计划生育委员会、国家食品药品监督管理总局发布，2017 年 12 月 23 日实施)

前　言

本标准代替 GB8955—1988《食用植物油厂卫生规范》。

本标准与 GB8955—1988 相比，主要变化如下：

——标准名称修改为"食品安全国家标准 食用植物油及其制品生产卫生规范"；

——修改了适用范围；

——增加了对记录和文件的条款；

——增加了对产品召回的条款；

——增加了对管理制度和人员的条款；

——增加了对包装材料的要求；

——增加了附录 A "食用植物油及其制品加工过程监控程序指南"

食品安全国家标准

食用植物油及其制品生产卫生规范

1 范围

本标准规定了食用植物油及其制品生产过程中原料采购、加工、包装、贮存和运输等环节的场所、设施、人员的基本要求和管理准则。

本标准适用于食用植物油及其制品的生产。

2 术语和定义

GB14881—2013 中的术语和定义适用于本标准。

2.1 植物原油

以食用植物油料为原料制取的用于加工食用植物油的不直接食用的原料油。

2.2 食用油脂制品

经精炼、氢化、酯交换、分提中一种或几种方式加工的植物油脂的单品或混合物，添加（或不添加）水及其他辅料，经（或不经过）乳化急冷捏合制造的固状、半固状或流动状的具有某种性能的油脂制品。包括食用氢化油、人造奶油（人造黄油）、起酥油、代可可脂（类可可脂）、植脂奶油、粉末油脂等。

3 选址及厂区环境

3.1 应符合 GB14881—2013 中第 3 章的相关规定。

3.2 用于食用植物油油料堆放、晾晒的地面不应对食物植物油料产生污染，如沥青地面等。

4 厂房和车间

4.1 一般要求

应符合 GB14881—2013 中第 4 章的相关规定。

4.2 设计和布局

食用植物油及其制品灌装区域应与其他作业区域进行分隔，防止交叉污染。

4.3 建筑内部结构与材料

4.3.1 对于全封闭的精炼、氢化等加工过程，可使用敞开式车间，对敞开式车间物料添加口应做好防护，确保无食品安全风险。

4.3.2 油脂提取、精炼车间内地面应设置地沟和隔油捕集池，防止积水。

4.3.3 食用植物油及其制品灌装车间的屋顶或天花板应使用白色或浅色防水材料建造，防止灰尘积聚，避免脱落等情形发生。

5 设施与设备

5.1 应符合 GB14881—2013 中第 5 章的相关规定。

5.2 食用植物油加工过程中使用的与产品直接接触的蒸汽冷凝水应符合 GB5749 的规定。

5.3 灌装车间入口应设有与车间人数相适应的更衣室，工作服与个人服装及其他物品应分开放置。灌装车间应配备人工通风措施，且给排风系统应能减少污染，控制环境异味。

5.4 应具有与生产经营的产品品种、数量相适应的贮罐、仓库或货场，依据原料、半成品、成品、包装材料等性质不同分别存放，必要时应设有冷藏（冻）库及保温罐。食用植物油贮罐应坚固、密闭、无毒，按有关规定设计制作。

5.5 与原料油、半成品、成品直接接触的设备、工具和容器,应使用不与食用植物油发生反应、并适于与食用植物油接触的惰性材料制造,不应使用铜及其合金等材料。产品接触面的材质应符合食品安全的相关要求。

5.6 正常情况下每年至少进行一次全面的设备维护和保养,发现问题应及时进行检修。

5.7 自制自用生产氮气的设备,应有适当的防护设施,并设置氮气纯度指示装置,定期检查记录氮气的纯度。

6 卫生管理

6.1 应符合 GB14881—2013 中第 6 章的相关规定。

6.2 灌装车间、仓库等封闭式的生产、贮存场所应采取有效措施(如纱窗、防鼠板、风幕等),防止鼠类等虫害侵入。

6.3 进入灌装车间等清洁度要求较高的区域应穿着专用工作服。

7 原料、食品添加剂和食品相关产品

7.1 应符合 GB14881—2013 中第 7 章的相关规定。

7.2 根据原料、食品添加剂的特点和要求,必要时配备保温、冷藏等设施,并对温度等进行控制和记录。

7.3 贮存散装原料的筒仓、贮罐,应按不同品种、不同质量等级进行分仓、分罐存放。食用植物油料在贮藏期间,应对温度、水分、虫害情况进行检查并做好记录,发现霉变、虫蚀等情况应及时采取相应的处理措施。

7.4 与食用植物油及其制品直接接触的包装容器及相关

包装材料不应使用邻苯二甲酸酯类物质。

8 生产过程的食品安全控制

8.1 一般要求

应符合 GB14881—2013 中第 8 章的相关规定。

8.2 产品污染风险控制

8.2.1 应严格按照工艺要求对蒸炒温度、脱色及脱臭过程的温度、真空度等关键工艺参数进行控制。

8.2.2 应根据工艺需要使用加工助剂，如酸、碱、活性炭、活性白土、硅藻土、镍等，在达到预期目的前提下尽可能降低使用量。

8.2.3 应按照国家相关法规加强对热媒、冷媒的管理，防止泄漏。

8.2.4 应严格按照操作规程对浸出工艺中使用的溶剂进行回收。使用石蜡（冷媒）吸收尾气中的溶剂时，应防止石蜡混入原油中。

8.2.5 应避免设备用润滑油（脂）污染产品。

8.3 微生物污染的控制

8.3.1 应根据食用油脂制品的特点确定关键控制环节微生物监控，具体可参照附录 A 中表 A.1。

8.3.2 当生产线末端的人造奶油（含水）的监控指标出现异常时，应加大对环境微生物监控的采样频率，并根据情况适当增加取样点，以采取适当的纠偏措施。

8.4 化学污染的控制

8.4.1 浸出原油的溶剂残留量及氢化油脂的镍含量应符

合相关食品安全国家标准。

8.4.2 应对食用植物油及其制品加工过程中的关键工艺参数进行监控，具体可参照附录 A 中表 A.2。

8.5 物理污染的控制

应设置筛网、过滤器、金属检查器等对异物进行控制，制定操作规范并做好监控。对发现的异物应及时分析其来源并采取相应的控制措施。

9 检验

应符合 GB14881—2013 中第 9 章的相关规定。

10 贮存和运输

10.1 应符合 GB14881—2013 中第 10 章的相关规定。

10.2 散装食用植物油及其制品应根据品种、等级不同，在不同贮罐中分别贮存。

10.3 应根据食用植物油及其制品的特点和要求，配备保温、冷藏等设施，并对温度等进行监控。

10.4 运输食用植物油及其制品的车、船等运输工具、容器应符合国家相关法规标准的要求。有特殊要求的产品，应根据其特性采取相应的措施。

11 产品召回管理

应符合 GB14881—2013 中第 11 章的相关规定。

12 培训

应符合 GB14881—2013 中第 12 章的相关规定。

13 管理制度和人员

应符合 GB14881—2013 中第 13 章的相关规定。

14　记录和文件管理

应符合 GB14881—2013 中第 14 章的相关规定。

附录 A　食用植物油及其制品
加工过程监控指南

A.1　人造奶油（含水）加工过程微生物监控见表 A.1。

表 A.1　人造奶油（含水）加工过程微生物监控要求

	监控项目	建议取样点	建议监控微生物	建议监控频率	建议监控指标限值
环境的微生物监控	人造奶油（含水）接触表面	人造奶油（含水）加工人员的手部、设备表面	大肠菌群、菌落总数	每月、每季度或每年	结合生产实际情况确定监控指标限值
	与人造奶油（含水）或人造奶油（含水）接触表面邻近的表面	设备外表面、控制面板	菌落总数	每月、每季度或每年	结合生产实际情况确定监控指标限值
人造奶油（含水）的微生物监控[a]	生产线末端食用油脂制品成品	大肠菌群、霉菌	每批次	依照食用油脂制品的食品安全国家标准执行

[a] 样品的采样及处理按 GB4789.1 执行。
[b] 仅限于含水人造奶油。

A.2　食用植物油及其制品加工过程工艺参数监控见表 A.2。

表 A.2　食用植物油及其制品加工过程工艺参数监控要求

取样点	监控项目与指标	监控频率	监控指标限值
蒸炒工段	温度	每班或每批	结合生产实际情况确定监控指标限值
汽提工段	原油中的溶剂残留量	每批	结合生产实际情况确定监控指标限值
碱炼工段	酸价、含皂量	每班或每批	结合生产实际情况确定监控指标限值
脱臭工段	色泽、酸价、真空度、温度	每班或每批	不低于产品标准 结合生产实际情况确定监控指标限值
灌装工段	酸价、过氧化值、结合产品要求设定的其他项目	每批	不低于产品标准
包装食用植物油成品	酸值、过氧化值	每批	不低于产品标准
	残留溶剂	每批或每罐成品油	
包装食用油脂制品成品	酸值、过氧化值	每批	不低于产品标准
散装食用植物油成品（贮油罐）	酸值、过氧化值	每天、每月或其他有需要时	不低于产品标准
	残留溶剂	每批或每罐成品油	
散装食用油脂制品成品（贮油罐）	酸值、过氧化值	每天、每月或其他有需要时	不低于产品标准

A.3 微生物监控指标不符合情况的处理要求：各监控点的监控结果应当符合监控指标的限值并保持稳定，当出现轻微不符合时，可通过增加取样频次等措施加强监控；当出现严重不符合时，应当立即纠正，同时查找问题原因，以确定是否需要对微生物监控程序采取相应的纠正措施。

食用植物油卫生标准

中华人民共和国国家标准

GB 2716—2005

(2005 年 1 月 25 日中华人民共和国卫生部、中国国家标准化管理委员会发布，2005 年 10 月 1 日实施)

前　言

本标准全文强制。

本标准代替并废止 GB2 716-1988《食用植物油卫生标准》，GB/T 13103-1991《色拉油卫生标准》和 GB 15197-1994《精炼食用植物油卫生标准》。

本标准修订时参考了国际食品法典委员会（CAC）的 CodexS tan2 10-1999（VedetableO ils）（以下简称 CAC 标准），增加了植物原油的指标要求。

本标准与 GB 2716-1988，GB/T 13103-1991 和 GB 15197-1994 相比主要变化如下：

——按照 GB/T 1.1- 2000 对标准文本的格式进行了修改；

——将 GB 2716-1988，GB/T 13103-1991 和 GB 15197-1994 合并为本标准；

——增加了植物原油分类，将产品分类修改为植物原油、食用植物油；

—取消了碳基价指标；

—增加了原料、辅料要求、食品添加剂、农药残留、生产加工过程、包装、标识、运输、贮存的卫生要求。

本标准于 2005 年 10 月 1 日起实施，过渡期为一年。即 2005 年 10 月 1 日前生产并符合相应标准要求的产品，允许销售至 2006 年 9 月 30 日止。

本标准由中华人民共和国卫生部提出并归口。

本标准起草单位：上海市卫生局卫生监督所、卫生部卫生监督中心、吉林疾病预防控制中心、上海疾病预防控制中心、广西疾病预防控制中心、国家粮食局科学研究院、中华人民共和国上海出入境检验检疫局、中华人民共和国广东出入境检验检疫局、中华人民共和国天津出入境检验检疫局、中华人民共和国宁波出入境检验检疫局、中国粮油食品进出口（集团）有限公司、农业部谷物及制品质检中心（哈尔滨）、中国食品土畜进出口商会、农业部油料及制品质检中心。

本标准主要起草人：略。

本标准所代替标准的历次版本发布情况为：

—GB 2716-1981，GB 2716-1985，GB 2716—1988；

—GB/T 13103-1991；

—GB 15197-1994。

食用植物油卫生标准

1　范围

本标准规定了植物原油、食用植物油的卫生指标和检验方法以及食品添加剂、包装、标识、贮存、运输的卫生要求。

本标准适用于植物原油、食用植物油，不适用于氢化油和人造奶油。

2　规范性引用文件

下列文件中的条款通过本标准的引用而成为本标准的条款。凡是注日期的引用文件，其随后所有的修改单（不包括勘误的内容）或修订版均不适用于本标准，然而，鼓励根据本标准达成协议的各方研究是否可使用这些文件的最新版本。凡是不注日期的引用文件，其最新版本适用于本标准。

GB 2760 食品添加剂使用卫生标准

GB 2763 食品中农药最大残留限量

GB/T 5009.11 食品中总砷及无机砷的测定

GB/T 5009.12 食品中铅的测定

GB/T 5009.22 食品中黄曲霉毒素 B，的测定

GB/T 5009.27 食品中苯并（a）花的测定

GB/T 5009.37 食用植物油卫生标准的分析方法

GB 8955 食用植物油厂卫生规范

GB 16629 6 号抽提溶剂油

GB/T 17374 食用植物油销售包装

GB 19641 植物油料卫生标准

3　术语和定义

下列术语和定义适用于本标准。

3.1

植物原油 virginv egetableo il

以植物油料为原料制取的原料油。

3.2

食用植物油 ediblev egetableo il

以植物油料或植物原油为原料制成的食用植物油脂。

4 指标要求

4.1 原料、辅料要求

4.1.1 原料应符合 GB 19641 的规定。

4.1.2 浸出使用的抽提溶剂应符合 GB 16629 的要求及其他规定。

4.2 感官要求

具有 产品 正常的色泽、透明度、气味和滋味，无焦臭、酸败及其他异味。

4.3 理化指标

理化指标应符合表 1 的规定。

表 1 理化指标

项目	指标	
	植物原油	食用植物油
酸价*（KOH）/（mg/g） ≤	4	3
过氧化值*/（g/100 g） ≤	0.25	0.25
浸出油溶剂残留/（mg/kg） ≤	100	50
游离棉酚/（%） 棉籽油 ≤	－	0.02
总砷（以 As 计）/（mg/kg） ≤	0.1	0.1
铅（Pb）/（mg/kg） ≤	0.1	0.1

项目	指标	
	植物原油	食用植物油
黄曲霉毒素 B$_1$／（μg/kg）		
花生油、玉米胚油　　≤	20	20
其他油　　　　　　　≤	10	10
苯并（a）芘／（μg/kg）　≤	10	10
农药残留	按 GB 2763 的规定执行	
＊栏内项目如具体产品的强制性国家标准中已作规定，按已规定的指标执行。		

5　食品添加剂

5.1　食品添加剂质量应符合相应的标准和有关规定。

5.2　食品添加剂品种及其使用量应符合 GB 2760 的规定。

6　生产加工过程

应符合 GB 8955 及其他卫生要求的规定。

7　包装

7.1　应使用符合卫生要求的包装材料或容器，包装容器应清洁、干燥和密封。

7.2　销售包装应符合 GB/T 17374 的规定。

8　标识

8.1　销售包装标识要求应符合有关规定。

8.2　由转基因原料加工而成的产品，应符合国家有关规定。

9　贮存、运输

9.1　不得与非食用植物油混存，应有防雨、防晒、防污、防爆措施。

9.2 储油容器的内壁和阀不得使用铜质材料，大容量的包装应尽可能充人氮气或二氧化碳气体，不得通人空气搅拌。

9.3 贮存成品油的专用容器必须明确标记，定期清洗或清理，干燥后才能灌油。

9.4 运输时应有防污染措施，不得与有毒、有害物品混运。

10 检验方法

10.1 感官

按 GB/T 5009.37 规定的方法测定。

10.2 理化指标

10.2.1 酸价、过氧化值、浸出油溶剂残留、游离棉酚：按 GB/T 5009.37 规定的方法测定。

10.2.2 总砷：按 GB/T 5009.11 规定的方法测定。

10.2.3 铅：按 GB/T 5009.12 规定的方法测定。

10.2.4 黄曲霉毒素 B_1：按 GB/T 5009.22 规定的方法测定。

10.2.5 苯并（a）芘：按 GB/T 5009.27 规定的方法测定。

食用油脂制品

中华人民共和国国家标准

GB 15196—2015

（2015 年 11 月 13 日中华人民共和国国家卫生和计划生育委员会发布，2016 年 11 月 13 日实施）

前　言

本标准代替 GB 17402—2003《食用氢化油卫生标准》和 GB 15196—2003《人造奶油卫生标准》。

本标准与 GB 17402—2003 和 GB 15196—2003 相比，主要变化如下：

——标准名称修改为"食品安全国家标准食用油脂制品"；

——修改了范围；

——修改了术语和定义；

——修改了感官要求；

——修改了理化指标；

——增加了营养强化剂使用要求；

——增加了反式脂肪酸标识的规定。

食品安全国家标准

食用油脂制品

1　范围

本标准适用于食用氢化油、人造奶油（人造黄油）、起酥油、代可可脂（类可可脂）、植脂奶油、粉末油脂等食用油脂制品。

2 术语和定义

2.1 食用油脂制品

经精炼、氢化、酯交换、分提中一种或几种方式加工的动、植物油脂的单品或混合物，添加（或不添加）水及其他辅料，经（或不经过）乳化急冷捏合制造的固状、半固状或流动状的具有某种性能的油脂制品。包括食用氢化油、人造奶油（人造黄油）、起酥油、代可可脂（包括类可可脂）、植脂奶油、粉末油脂等。

2.2 食用氢化油

以食用动、植物油为原料，经氢化和精炼等工艺处理后制得的食品工业用原料油。

2.3 人造奶油

　　人造黄油

以食用动、植物油脂及氢化、分提、酯交换油脂中的一种或几种油脂的混合物为主要原料，添加或不添加水和其他辅料，经乳化、急冷或不经急冷捏合而制成的具有类似天然奶油特色的可塑性或流动性的食用油脂制品。

3 技术要求

3.1 原料要求

3.1.1 食用植物油应符合 GB 2716 规定。

3.1.2 食用动物油脂应符合 GB 10146 规定。

3.1.3 其他应符合相应的食品标准和有关规定。

3.2 感官要求

感官要求应符合表 1 的规定。

表 1　感官要求

项目	要求	检验方法
色泽	具有产品应有的色泽	取适量试样置于白瓷盘中，在自然光下观察色泽和状态。将试样置于 50mL 烧杯中，水浴加热至 50℃，用玻璃棒迅速搅拌，嗅其气味，品其滋味
滋味、气味	具有产品应有的气味和滋味，无焦臭、无酸败及其他异味	
状态	具有产品应有的形态，质地均匀，无正常视力可见的外来异物	

3.3 理化指标

理化指标应符合表 2 的规定。

表 2　理化指标

项目		指标	检验方法
酸价（以脂肪计）（KOH）/（mg/g）	≤	1	GB 5009.229
过氧化值（以脂肪计）/（g/100g）			GB 5009.227
食用氢化油	≤	0.10	
其他	≤	0.13	

3.4 污染物限量

污染物限量应符合 GB 2762 的规定。

3.5 微生物限量

人造奶油（人造黄油）的微生物限量应符合表 3 的规定。

表 3 微生物限量

项目	采样方案ᵃ 及限量				验方法
	n	c	m	M	
大肠菌群/（CFU/g）	5	2	10	10^2	GB 4789.3 平板计数法
霉菌/（CFU/g） ≤		50			GB 4789.15
ᵃ样品的采集及处理按 GB 4789.1 执行。					

3.6 食品添加剂和食品营养强化剂

3.6.1 食品添加剂的使用应符合 GB 2760 的规定。

3.6.2 食品营养强化剂的使用应符合 GB 14880 的规定。

4 其他

经氢化工艺加工的食用油脂制品应标识反式脂肪酸的含量，检验方法按 GB/T 22507 执行。

食用植物油料

中华人民共和国国家标准

GB 19641—2015

（2015 年 11 月 13 日中华人民共和国国家卫生和计划生育委员会发布，2016 年 11 月 13 日实施）

前　言

本标准代替 GB 19641—2005《植物油料卫生标准》。

本标准与 GB 19641—2005 相比，主要变化如下：

——标准名称修改为"食品安全国家标准　食用植物油料"；

——修改了感官要求；

——修改了理化指标；

——增加了附录。

食品安全国家标准

食用植物油料

1　范围

本标准适用于制取食用植物油的油料。

2 术语和定义

2.1 霉定粒

粒面明显生霉并伤及胚或胚乳或子叶、无食用价值的颗粒。

3 技术要求

3.1 感官要求

感官要求应符合表 1 的规定。

防火巡查记录表

项目	指标	检验方法
色泽、气味	具有正常油料的色泽、气味	GB/T 5492
霉变粒/%		按 GB/T 5494 中不完善粒检
大豆 ≤	1.0	验的规定，挑拣出霉变粒，
其他 ≤	2.0	进行称重，计算含量

3.2 有毒、有害菌类及植物种子限量

有毒、有害菌类及植物种子限量应符合表 2 的规定。

表 2 有毒、有害菌类及植物种子限量

项目	指标	检验方法
曼陀罗属及其他有毒植物的种子[a]（粒/kg）		附录 A
大豆、油菜籽 ≤	1	
麦角/%		
油菜籽 ≤	0.05	附录 B
其他	不得检出	

[a]猪屎豆属（crotalaria spp.）、麦仙翁（Agrostemma githago L.）、蓖麻籽（Ricinus communis L.）和其他公认的对健康有害的种子。

3.3 污染物限量和真菌毒素限量

3.3.1 污染物限量应符合 GB 2762 的规定。

3.3.2 真菌毒素限量应符合 GB 2761 的规定。

3.4 农药残留限量

农药残留限量应符合 GB 2763 的规定。

4 其他

转基因食用植物油料的标识应符合国家有关规定。

地方食用油管理办法

长沙市人民政府关于禁止经营
使用散装食用油的通告

长政发〔2013〕11 号

为进一步加强食用油质量安全监管，保障人民群众的身体健康和生命安全，根据《中华人民共和国食品安全法》和《中华人民共和国食品安全法实施条例》等有关法律法规的规定，现就禁止经营、使用散装食用油有关事项通告如下：

一、本通告所指的散装食用油，是指以散装形式销售的无食品名称、生产日期、保质期、生产经营者名称及联系方式的食用油。

二、在本市范围内从事食用油生产加工、经营、使用的单位和个人均应遵守本通告的相关规定。

三、从事食用油生产加工、分装，应当依法取得《食品生产许可证》和营业执照，生产的食用油其产品的包装、标识应符合食品安全相关法律法规的要求。

四、利用传统工艺从事茶油、菜籽油、花生油、芝麻油以及动物油脂等现场制售的小作坊，应当依法取得允许此项目经营的营业执照，且必须在盛油容器、外包装上表明食用油的名称、生产日期、保质期、生产经营者名称及联系方式等内容。

五、从事食用油经营，应当依法取得《食品流通许可证》和营业执照。禁止经营散装食用油，也不得经营包装、标识不符合国家有关规定的食用油。食品经营者经营预包装食用油，应当建立并严格执行食品进货查验和记录制度，查验供货方的许可证、产品检测合格证明文件和供货凭证，并做好相关记录，未经许可不得擅自从事食用油分装活动。

六、本市所有的食品生产企业（获得食品生产许可的食用油加工、分装企业除外）、食品生产加工小作坊和餐饮服务单位禁止采购使用散装食用油加工制作食品，必须从具有合法资质的食用油生产经营单位购进包装、标识符合《预包装食品标签通则》规定的食用油，采购食用油应严格执行采购索证索票制度，索取供货方的许可证、产品检测合格证明文件和供货凭证，建立完备的台账记录。

七、对违反本通告要求的，由相关行政监管部门依法依规查处；涉嫌犯罪的，依法移送司法机关追究刑事责任。对违法违规经营使用散装食用油的，欢迎广大市民拨打举报电话：

88665026（市食安办）、12365（市质监局）、12315（市工商局）、85570477（市卫生局）。

八、本通告自 2013 年 9 月 1 日起施行。

长沙市人民政府

2013 年 7 月 1 日

呼和浩特市废弃食用油脂管理条例

呼和浩特市第十二届人民代表大会常务委员会公告

第 16 号

呼和浩特市第十二届人民代表大会常务委员会第十八次会议通过的《呼和浩特市废弃食用油脂管理条例》，已由内蒙古自治区第十届人民代表大会常务委员会第二十五次会议批准，现予以公布，自 2007 年 3 月 1 日起施行。

2006 年 12 月 14 日

第一条 为规范废弃食用油脂管理，防治废弃食用油脂污染环境，保障人体健康和环境安全，促进经济社会可持续发展，根据《中华人民共和国环境保护法》等有关法律法规，结合本市实际，制定本条例。

第二条　本条例所称废弃食用油脂，是指餐饮业、食品加工业在生产经营活动中产生的不能再食用的动植物油脂，包括炸制老油、火锅油、泔水油、含油脂废水经油水分离器或者隔油设施分离出的不可再食用的油脂。

第三条　本市行政区域内从事餐饮、食品加工和其他产生排放废弃食用油脂的单位和个体经营者（以下简称产生排放单位）及从事收集、贮存、加工、处置、运输废弃食用油脂的单位和个人（以下简称收集加工单位），均应遵守本条例。

第四条　市环境保护行政主管部门对废弃食用油脂污染环境防治工作实施统一监督管理。各旗县环境保护行政主管部门应当做好本辖区废弃食用油脂监督管理工作。公安、卫生、市容、工商、食品和药品质量技术监督等有关部门按照各自职责，配合环境保护行政主管部门做好废弃食用油脂监督管理工作。

第五条　各级人民政府应当对在废弃食用油脂污染防治、回收利用工作中做出显著成绩的单位和个人给予表彰、奖励。任何单位和个人都有保护环境的义务，对造成废弃食用油脂污染环境的行为，有权进行投诉、举报和控告。

第六条　新建产生排放单位和收集加工单位，应当向市环境保护行政主管部门申请办理环保审批手续，提交项目建设和环境影响评价的相关资料。项目配套建设的污染防治设施必须与主体工程同时设计、同时施工、同时投入使用。原有的产生排放单位，限期安装油水分离器或者隔油设施。

第七条 产生排放单位必须遵守下列规定：

（一）按期如实向环境保护行政主管部门申报废弃食用油脂的种类、数量、去向和污染防治设施、设备等有关情况，申报事项如有变更，应当及时报告；

（二）使用标有"废弃食用油脂"字样的容器存放废弃食用油脂，并指定专人负责管理；

（三）采用油水分离器或者隔油池等处理设施有效地将油水分离；

（四）产生排放的含油废水，必须达到国家或地方的排放标准，并按规定缴纳排污费或污水处理费。

第八条 产生排放单位不得有下列行为：

（一）分离后的废弃食用油脂交有环保手续的收集加工单位进行处置，不得擅自转给其它单位和个人处置；

（二）禁止将废弃食用油脂及含废弃食用油脂废水直接排入下水管网或者擅自倾倒；

（三）在生产经营期间，不得擅自闲置或者拆除废弃食用油脂污染防治设施。

第九条 收集加工单位必须遵守下列规定：

（一）废弃食用油脂实行集中收集、统一加工处理；

（二）有符合环境卫生要求的运输工具；

（三）建立废弃食用油脂来源、数量和去向的生产经营台账；

（四）执行生产、经营月报制度，按期如实向环境保护行政主管部门上报加工再生油品量、销售量、销售去向等情况；

（五）废弃食用油脂的贮存和加工场所必须标有"废弃食用油脂"的识别标志；

（六）废弃食用油脂回收人员必须经环境保护行政主管部门定期培训，取得"废弃食用油脂清收证"后方可从事废弃食用油脂收集工作。

第十条 收集加工单位不得有下列行为：

（一）未经环境保护行政主管部门批准不得擅自销售废弃食用油品；

（二）禁止将废弃食用油脂加工后，再作为食用油脂销售；

（三）在加工生产期间，不得擅自闲置、拆除、关闭污染防治设施或者产生二次污染。

第十一条 违反本条例，有下列行为之一的，由市、旗县环境保护行政主管部门责令其限期改正，并处 3000 元以上 1 万元以下罚款：

（一）未履行废弃食用油脂排放申报登记或者未建立生产经营台账、未执行生产经营月报制度的；

（二）将废弃食用油脂及含油废水直接排入下水管网或者擅自倾倒的；

（三）在生产经营期间擅自闲置、拆除或者关闭废弃食用油脂污染防治设施或者产生二次污染的；

（四）逾期未完成污染治理任务或者未有效将油水分离的；

（五）未按规定使用"废弃食用油脂"识别标志的；

（六）未取得清收证件擅自从事废弃食用油脂收集的。

第十二条 违反本条例，有下列行为之一的，由市、旗县环境保护行政主管部门责令其停止营业，并处 1 万元以上 3 万元以下罚款：

（一）未执行建设项目环境影响评价要求的；

（二）项目配套建设的污染防治设施未与主体工程同时设计、同时施工、同时投入使用的；

（三）将废弃食用油脂提供给未办理环保手续的收集加工单位的；

（四）擅自销售加工后的废弃食用油品的。

第十三条 废弃食用油脂加工后再作为食用油脂销售的，处 2 万元以上 5 万元以下罚款。

第十四条 环境保护行政主管部门和其他相关部门及其工作人员有下列行为之一的，由其所在单位或者上级主管部门给予行政处分，构成犯罪的，依法追究刑事责任：

（一）不按照规定办理环保审批手续或者违反规定进行审批的；

（二）发现违法行为或者接到对违法的举报后不及时予以查处的；

（三）不按照法定条件或者违反法定程序实施行政处罚的；

（四）有其他不履行环境保护监督管理职责，失职、渎职造成后果的；

（五）有其他滥用职权、循私舞弊行为的。

第十五条 本条例自 2007 年 3 月 1 日起施行。

南京市废弃食用油脂管理办法

南京市人民政府令

第 198 号

《南京市废弃食用油脂管理办法》已经 2001 年 5 月 9 日市政府常务会议审议通过,现予发布,自发布之日起施行。

二〇〇一年六月二十五日

第一条 为了加强对再生资源回收利用的管理,防止餐饮业和食品加工业废弃食用油脂对环境的污染,保障人体健康,根据《中华人民共和国固体废物污染环境防治法》等法律、法规的规定,结合本市实际,制定本办法。

第二条 本办法所称废弃食用油脂,是指餐饮业和食品加工业在经营生产过程中产生的不能食用的动植物油脂,包括油脂使用后产生的不可再食用的油脂,含油脂废水经油水分离或者隔油池分离后产生的不可再食用的油脂。

第三条 凡在本市行政区域内从事废弃食用油脂的排放、回收、加工及其相关的管理活动,适用本办法。

第四条 市再生资源行政主管部门负责本市废弃食用油脂综合协调和统一管理工作,其下属的再生资源管理机构负责具体实施。

环境保护主管部门负责本市废弃食用油脂的污染防治监督管理工作。

工商、公安、卫生、市容、物价、质量技术监督等部门应当按照各自的职责，共同做好废弃食用油脂的管理工作。

第五条 废弃食用油脂禁止直接排入城市下水道和自然水体。凡排放含油脂废水的企业，应当采取措施，防止或减少油脂排放量；必须随废水排放的，应当设置隔油装置；将废水中油脂进行有效分离，废水达标后方可排放。

餐饮单位和食品加工单位排放废弃食用油胳，应当使用专门的容器盛放。

第六条 餐饮和食品加工单位排放废弃食用油脂，应当向所在地环境保护部门如实申报、登记废弃食用油脂的种类、数量和去向。需要改变排放废弃食用油脂的种类、数量和去向的，应当在改变前 30 日内办理变更手续。

第七条 餐饮和食品加工单位产生的废弃食用抽脂必须交给定点单位回收，不得提供给非定点回收单位。

餐饮和食品加工单位不得向回收单位收取任何费用。

第八条 从事废弃食用油脂回收的单位，应当具备下列条件：

（一）有掌握防止废弃食用油脂污染环境知识的回收队伍；

（二）有与废弃食用油脂定点加工单位签定的协议书；

（三）有符合市容和公安交通等方面要求的运输工具。

转运废弃食用油脂的集散点、储存场地及其设施，必须符合环境保护的要求。

第九条　从事废弃食用油脂加工单位，应当具备下列条件：

（一）有掌握废弃食用油脂加工技术的专业人员；

（二）有与废弃食用油脂定点回收单位签定的协议书；

（三）有污染治理的设施；

（四）有合法有效的产品标准和健全的加工过程的质量保障体系；

（五）加工地点在绕城公路以外。

第十条　同时从事回收和加工活动的单位，必须同时具备本办法第八条和第九条规定的条件。

第十一条　符合废弃食用油脂回收和加工条件的单位，应当向环境保护主管部门申领排污许可证。

第十二条　废弃食用油脂回收单位，不得将废弃食用油脂出售给非定点加工单位。

废弃食用油脂加工单位，不得将废弃食用油脂加工以后再作为食用油脂进行使用或者销售。

第十三条　市再生资源管理部门应当将经过认定的废弃食用油脂回收和加工定点单位的名称、经营地点和法定代表人向社会公告。

第十四条　废弃食用油脂回收单位应当为从事回收活动的人员提供统一标志。

第十五条　承运废弃食用油脂的容器必须明显标著"不得食用"的字样。

第十六条　废弃食用油脂回收和加工单位应当建立废弃食用油脂回收、加工和销售台帐，按季度报送市再生资源管理机构和环境保护主管部门。

第十七条 禁止任何单位和个人向非法从事废弃食用油脂回收、加工单位提供场所。

公安机关应当加强对暂住人口的管理，对暂住人口非法从事废弃食用油脂回收、加工的行为，应当及时处理。

第十八条 鼓励单位和个人对非法从事废弃食用油脂回收、加工的行为进行举报。举报有功的，由再生资源管理机构或有关部门给予奖励。

第十九条 违反本办法规定，有下列行为之一的，由市再生资源行政主管部门或其委托的再生资源管理机构责令限期改正，逾期不改的，可以处以1万元以下罚款；有违法所得的，可以处以3万元以下罚款：

（一）未经批准，擅自进行废弃食用油脂回收和加工；

（二）将产生的废弃食用油脂提供给非定点回收单位；

（三）不建立废弃食用油脂回收、加工和销售台帐。

第二十条 未按照规定排放废弃食用油脂或者未按照规定进行排放废弃食用油脂申报、登记的，由环境保护主管部门依照环境保护法律、法规给予处罚。

第二十一条 将加工后的废弃食用油脂作为食用油脂出售，或者在食品中掺杂废弃食用油脂的，由卫生行政部门依照《中华人民共和国食品卫生法》给予处罚。

违反前款规定，造成严重食物中毒事故的，依法追究刑事责任。

第二十二条 违反本办法，法律、法规已经规定行政处罚的，由有关部门按照法律、法规的规定给予处罚。

第二十三条 有关行政管理部门和再生资源管理机构的工作人员玩忽职守、滥用职权、徇私舞弊的，由其所在单位或者上级主管部门给予行政处分；构成犯罪的，依法追究刑事责任。

第二十四条 当享人对行政处罚决定不服的，可以依法申请行政复仪或提起行政诉讼。逾期不申请复议，不起诉，又不履行行政处罚决定的，由作出决定的部门申请人民法院强制执行。

第二十五条 本办法由市再生资源行政主管部门负责解释。

第二十六条 本办法自发布之日起施行。

广州市餐饮垃圾和废弃食用油脂管理办法（试行）

广州市人民政府令

第 117 号

《广州市餐饮垃圾和废弃食用油脂管理办法（试行）》已经 2015 年 1 月 12 日市政府第 14 届 149 次常务会议讨论通过，现予以公布，自 2015 年 5 月 1 日起施行。

2015 年 2 月 3 日

第一章 总 则

第一条 为规范餐饮垃圾和废弃食用油脂管理，促进源头减量与资源回收利用，维护城市环境卫生，保障人民身体健康，根据《中华人民共和国固体废物污染环境防治法》、《广东省城市垃圾管理条例》、《广州市市容环境卫生管理规定》等有关法律、法规，结合本市实际，制定本办法。

第二条 本办法所称餐饮垃圾是指食品加工、饮食服务和单位供餐产生的食品废料、食品残余、过期食品等废弃物。

本办法所称废弃食用油脂是指餐饮业经营者和食堂供餐单位在食品经营过程中产生的不符合食品安全标准的动植物油脂、从餐饮垃圾中提炼的油脂以及含油脂废水、经油水分离器或者隔油池分离处理后产生的油脂。

第三条 本办法适用于本市行政区域内餐饮垃圾和废弃食用油脂的排放、收运、处置及其管理活动。

家庭产生的厨余垃圾和集贸市场产生的有机易腐性垃圾的排放、收运、处置及其相关管理活动，按照本市城市生活垃圾分类相关规定执行。

第四条 餐饮垃圾和废弃食用油脂应当按照处置设施建设进度分步实施，遵循政府主导、市场运作、专业监管、社会监督的管理原则，实行规范排放、统一收运、集中处置。

第五条 市城市管理行政主管部门负责本市餐饮垃圾和废弃食用油脂排放、收运、处置的监督管理工作并组织实施本办法。

区城市管理行政主管部门负责本辖区内餐饮垃圾和废弃食

用油脂的日常管理工作。

环保、食品药品监管、工商、公安、质监、农业、价格等有关行政管理部门和城市管理综合执法机关应当按照各自职责落实监督管理工作，协助实施本办法。

第六条 餐饮垃圾和废弃食用油脂处置设施的规划建设应当符合环境卫生专项规划，其设施用地应当纳入城市黄线保护范围，任何单位和个人不得擅自占用或者改变其用途。

第七条 鼓励和推动餐饮垃圾和废弃食用油脂资源化利用，推广使用符合产品质量要求的资源化利用产品。

第八条 市、区人民政府应当根据餐饮垃圾和废弃食用油脂收运服务项目财政评审结果及其处置企业经营状况，落实相关经费。

第九条 餐饮垃圾产生单位，应当按照规定的收费标准缴纳生活垃圾处理费。

市城市管理行政主管部门可以根据实际情况对收费标准和方式提出方案，经价格部门按照听证程序组织听证、审核后，报市人民政府批准后实施。

第二章 排放收运处置管理

第十条 本市餐饮垃圾和废弃食用油脂实行收运、处置主体一体化。

市人民政府应当根据本市市容环境卫生总体规划和环境卫生处理设施建设布局方案，结合各区餐饮垃圾和废弃食用油脂产生量，以各区行政区划为基础将全市划分为若干服务区域。

本办法生效前通过政府招标确定的试点项目，可以按照现有合同约定处理餐饮垃圾，也可以通过补充协议自本办法生效之日起 3 个月内在越秀区、天河区、黄埔区以及番禺区小谷围街实施餐饮垃圾和废弃食用油脂收运处置一体化。其他区域的餐饮垃圾和废弃食用油脂在处理设施建成前按照现行管理规定进行处理，处理设施建成后应当按照本办法规定实施收运处置一体化，具体实施时间由市人民政府另行公布。

第十一条 区城市管理行政主管部门应当根据市人民政府划定的服务区域，通过招投标等公平竞争方式确定本行政区域内的餐饮垃圾和废弃食用油脂收运处置单位；划定的服务区域涉及跨行政区域的，由市城市管理行政主管部门通过招投标等公平竞争方式确定餐饮垃圾和废弃食用油脂收运处置单位。

城市管理行政主管部门应当与餐饮垃圾和废弃食用油脂收运处置单位签订服务协议，约定餐饮垃圾和废弃食用油脂收运处置服务范围、服务标准、服务期限、市场推出机制和违约责任等内容。

餐饮垃圾和废弃食用油脂收运处置单位应当在划定的服务区域范围内对餐饮垃圾和废弃食用油脂实行统一收运，集中定点处置。

第十二条 餐饮垃圾和废弃食用油脂收运处置单位应当向市环境保护行政管理部门申领《广东省严控废物处理许可证》，并向城市管理行政主管部门申领《城市生活垃圾经营性清扫、收集、运输服务许可证》以及《城市生活垃圾经营性处置服务许可证》。

第十三条 餐饮垃圾和废弃食用油脂产生单位应当与取得餐饮垃圾和废弃食用油脂经营权的收运处置单位签订收运处置

合同。收运处置合同应当明确收运的时间、频次、数量和废弃食用油脂回收价格等内容。

餐饮垃圾和废弃食用油脂产生单位自行处理餐饮垃圾的，在与收运处置单位签订收运处置合同时，可以只对废弃食用油脂的收运、处置内容进行约定，但应当按照规定向所在区城市管理行政主管部门备案。

第十四条 餐饮垃圾和废弃食用油脂产生单位应当遵守下列规定：

（一）餐饮垃圾和废弃食用油脂应当单独分类收集并在规定地点分类密闭存放，不得混入其他类别生活垃圾；

（二）负责餐饮垃圾和废弃食用油脂收集容器的保管，保持收集容器的完好和整洁；

（三）按照环境保护管理的有关规定，对餐饮垃圾进行渣水分离，产生含油污水的，应当设置高效油水分离装置；

（四）将餐饮垃圾和废弃食用油脂交给与其签订收运处置合同的收运处置单位。

第十五条 餐饮垃圾和废弃食用油脂收运处置单位在收运服务过程中，应当遵守以下规定：

（一）为产生单位提供相应数量、符合标准的餐饮垃圾和废弃食用油脂专用收集容器；

（二）配备相应数量的餐饮垃圾和废弃食用油脂专用收运车辆，并按照规定安装行驶记录仪、装卸计量系统和视频监控设备；

（三）餐饮垃圾应当每天清运，废弃食用油脂按照约定定期清运，及时清理油水分离装置，并保持收运车辆、收集容器和作业区环境整洁；

（四）实行密闭化运输，运输设备和收集容器应当具有统一标识，整洁完好，运输中不得撒漏，突发撒漏造成环境卫生污染的，应当即时清除干净；

（五）按照规定路线和时间将餐饮垃圾和废弃食用油脂运送到指定的处置场所，不得擅自改变处置场所。

第十六条 餐饮垃圾和废弃食用油脂收运处置单位在处置服务过程中，应当遵守以下规定：

（一）按照要求配备餐饮垃圾和废弃食用油脂处置设施及设备，并保证其运行良好，环境整洁。确需停产检修的，应当提前15日告知城市管理行政主管部门；

（二）健全安全管理制度，配备安全设施，制定安全应急预案，确保处置设施安全稳定运行；

（三）严格遵守环境保护的有关规定，采取措施防止处置过程中产生的废水、废气、废渣、粉尘、噪声等造成二次污染。处置过程中产生的废渣、废水等废弃物应当有产生和流向记录并纳入台账；

（四）资源化利用形成的产品应当符合国家规定的质量标准，产品应当有产品质量检验报告、出厂销售流向记录并纳入台账；

（五）按照要求进行环境影响检测，定期对处置设施的性能和指标进行检测和评价，检测和评价结果应纳入台账；

（六）处置设施应当按照要求安装并使用在线计量、监控、检测等系统设备。

第十七条 餐饮垃圾和废弃食用油脂排放、收运、处置实行联单管理制度，并逐步实施电子联单信息化管理。

联单应当由收运处置单位向服务所在地的区城市管理行政主管部门领取并定期交回备查联。

餐饮垃圾和废弃食用油脂收运处置单位在收运过程中，应当携带联单；餐饮垃圾和废弃食用油脂产生单位与收运处置单位工作人员应当现场核对联单载明事项，确保联单内容与餐饮垃圾和废弃食用油脂的实际情况相符。

第十八条 餐饮垃圾和废弃食用油脂产生单位应当建立餐饮垃圾和废弃食用油脂台账管理制度，真实、完整记录收运处置合同签订情况以及餐饮垃圾和废弃食用油脂的类别、数量和去向等情况，供城市管理行政主管部门定期备查。

餐饮垃圾和废弃食用油脂收运处置单位应当建立餐饮垃圾和废弃食用油脂收运、处置台账，真实、完整地记录收运处置合同签订情况以及餐饮垃圾和废弃食用油脂类别、数量、来源、流向记录和设施运行数据等情况，每月 10 日前向城市管理行政主管部门报送上 1 个月的收运和处置台账。

第十九条 餐饮垃圾和废弃食用油脂收运处置单位未经批准，不得擅自停业、歇业；确需停业、歇业的，应当提前半年向市城市管理行政主管部门提交书面报告，经同意后方可停业、歇业。

第二十条 禁止任何单位和个人在餐饮垃圾和废弃食用油脂排放、收运和处置活动中存在下列行为：

（一）将餐饮垃圾和废弃食用油脂直接排入公共水域、公共厕所、排水管道或者以其他方式随意倾倒、抛洒、堆放餐饮垃圾和废弃食用油脂；

（二）将餐饮垃圾和废弃食用油脂混入其他类别生活垃圾存放、收运、处置；

（三）将餐饮垃圾和废弃食用油脂交未取得特许经营服务许可的单位和个人收运、处置；

（四）未经特许经营擅自收运、处置餐饮垃圾和废弃食用油脂；

（五）违反规定使用餐饮垃圾和废弃食用油脂饲养禽畜、水产品等动物；

（六）违反规定使用餐饮垃圾和废弃食用油脂生产、加工食品和饲料；

（七）法律、法规、规章禁止的其他行为。

第三章　保障措施

第二十一条　餐饮行业组织应当发挥行业自律作用，将食品安全、餐饮垃圾和废弃食用油脂的处理工作纳入餐饮单位等级评定和诚信管理范围，督促餐饮服务单位做好餐饮垃圾和废弃食用油脂的减量和规范排放、无害化处置等工作。

第二十二条　市城市管理行政主管部门应当建立健全餐饮垃圾和废弃食用油脂收运处置单位诚信综合评价体系，对违反规定收运处置餐饮垃圾和废弃食用油脂的企业实施市场退出机制。

第二十三条　城市管理行政主管部门应当通过书面检查、实地抽查、现场核定或者委托有资质单位监管等方式对辖区内餐饮垃圾和废弃食用油脂收运、处置的下列情况进行监督检查，并定期公布，接受社会监督：

（一）餐饮垃圾和废弃食用油脂产生单位的收运处置合同签订和台账记录情况；

（二）餐饮垃圾和废弃食用油脂收运联单的执行情况；

（三）餐饮垃圾和废弃食用油脂收运处置单位的台账记录和报送情况；

（四）餐饮垃圾和废弃食用油脂收运、处置设施设备的运行、使用情况；

（五）餐饮垃圾和废弃食用油脂分类收集、密闭储存以及无害化处置情况。

城市管理、质监、工商、食品药品监管、农业和环保等行政管理部门应当建立信息共享系统，即时共享餐饮服务许可和严控废物处理许可、餐饮垃圾和废弃食用油脂处置单位资源化利用产品台账等情况，并根据各自职责依法对餐饮垃圾和废弃食用油脂资源化利用产品的质量、流向和使用情况进行监督管理。

第二十四条　市城市管理行政主管部门应当制定餐饮垃圾和废弃食用油脂收运和处置应急预案，建立应急机制。

餐饮垃圾和废弃食用油脂收运处置单位应当根据应急预案的规定，编制本单位餐饮垃圾和废弃食用油脂应急预案，并报城市管理行政主管部门备案。

发生突发性事件造成无法正常收运、处置餐饮垃圾和废弃食用油脂的，城市管理行政主管部门应当立即启动应急预案，及时组织有关单位收运、处置餐饮垃圾和废弃食用油脂。

第二十五条　任何单位和个人均有权对违反本办法的行为进行投诉和举报。有关部门在接到投诉和举报后应当及时调查和依法处理，对署名举报的，应当予以回复。

城市管理行政主管部门应当每半年向社会公布一次违反规定的餐饮垃圾和废弃食用油脂产生单位和收运处置单位名单，并纳入诚信记录。

第二十六条 城市管理主管部门应当与公安、环保、食品药品监督、质监、工商、农业等有关行政管理部门和城市管理综合执法机关建立执法信息共享机制，定期开展联动执法。

区人民政府应当根据辖区内餐饮垃圾和废弃食用油脂管理实际需要，定期组织相关职能部门开展联合执法。

第二十七条 市、区人民政府和相关职能部门应当建立餐饮垃圾和废弃食用油脂管理工作督促检查和监督管理考核评价指标体系，并纳入城市管理综合提升考评体系。

第二十八条 市、区人民政府和相关职能部门应当通过广播电台、电视台、报纸、期刊、网络等媒体开展餐饮垃圾和废弃食用油脂管理工作的宣传，提高餐饮服务单位和市民的食品安全意识，倡导市民理性消费，促进源头减量化。

第四章 法律责任

第二十九条 餐饮垃圾和废弃食用油脂产生单位违反本办法的行为，由城市管理综合执法机关按照下列规定予以处罚：

（一）违反第十三条规定，未按照规定与收运处置单位签订收运处置合同的，责令限期改正；逾期不改的，处1万元以上3万元以下罚款；

（二）违反第十四条第一款第（一）项规定，未按照规定单独分类收集或者未在规定地点分类密闭存放餐饮垃圾和废弃食用油脂的，责令限期改正，并处 1000 元以上 5000 元以下罚款；

（三）违反第十四条第一款第（三）项规定，未按照规定安装油水分离装置的，责令限期改正；逾期不改的，处 5000 元以上 3 万元以下罚款。

第三十条　餐饮垃圾和废弃食用油脂收运处置单位在收运服务过程中违反本办法的行为，由城市管理综合执法机关按照下列规定予以处罚：

（一）违反第十五条第（一）项规定，未按照规定为产生单位提供餐饮垃圾和废弃食用油脂收集容器的，责令限期改正；逾期不改的，处 5000 元以上 2 万元以下罚款；

（二）违反第十五条第（二）项规定，未按照规定配备餐饮垃圾和废弃食用油脂专用收运车辆，或者未按照规定安装行驶记录仪、装卸计量系统和视频监控设备的，责令限期改正；逾期不改的，处 1 万元以上 3 万元以下罚款；

（三）违反第十五条第（三）项规定，未按照规定做到按时清运，及时清理油水分离装置，保持收运车辆、收集容器和作业区环境整洁的，责令限期改正，并处 1000 元以上 3000 元以下罚款；

（四）违反第十五条第（四）项规定，在运输过程中发生撒漏餐饮垃圾和废弃食用油脂，对道路造成污染的，责令即时清除干净，并处每次 1000 元以上 3000 元以下罚款；

（五）违反第十五条第（五）项规定，未按照规定路线、时间将餐饮垃圾和废弃食用油脂运送到指定的处置场所，或者擅自改变处置场所的，责令限期改正，并处 2 万元以上 10 万元以下罚款。

第三十一条 餐饮垃圾和废弃食用油脂收运处置单位在处置过程中违反本办法的行为,由城市管理综合执法机关按照下列规定予以处罚:

(一)违反第十六条第(一)项规定,未按照规定配备处置设施及设备并保证其运行良好、环境整洁,或者未在规定时间内报告停产检修的,责令限期改正,并处每天 5000 元以上 3 万元以下罚款;

(二)违反第十六条第(二)项规定,未按照规定健全安全管理制度,配备安全设施,制定安全应急预案的,责令限期整改,并处 5000 元以上 2 万元以下罚款;

(三)违反第十六条第(三)项、第(四)项、第(五)项规定,未按照规定将餐饮垃圾和废弃食用油脂处置情况纳入台账的,责令限期改正;逾期不改正的,并处 5000 元以上 2 万元以下罚款;

(四)违反第十六条第(六)项规定,未按照规定安装或者擅自闲置、拆除、改装、损毁、遮挡在线计量、监控、检测等系统设备的,责令限期改正,并处 5000 元以上 3 万元以下罚款。

违反第十六条第(三)项规定,未按照规定采取保护环境措施,造成二次污染事故的,由环境保护行政管理部门依据《中华人民共和国固体废物污染防治法》第八十二条的规定进行处罚。

第三十二条 违反第十七条规定,餐饮垃圾和废弃食用油脂产生单位、收运处置单位未执行联单管理的,由城市管理综合执法机关责令限期改正,并处每次 1000 元以上 5000 元以下罚款。

第三十三条 违反第十八条规定，餐饮垃圾和废弃食用油脂产生单位和收运处置服务单位未按照规定建立台账、对台账弄虚作假或者未按照规定申报的，由城市管理综合执法机关责令限期改正；逾期不改的，处 5000 元以上 3 万元以下罚款。

第三十四条 违反第十九条规定，餐饮垃圾和废弃食用油脂收运处置单位未经批准擅自停业、歇业的，由城市管理综合执法机关责令限期改正，并处 5 万元以上 10 万元以下罚款。造成损失的，依法承担赔偿责任。

第三十五条 违反第二十条第（一）项、第（二）项、第（三）项、第（四）项规定，由城市管理综合执法机关按照下列规定予以处罚：

（一）将餐饮垃圾和废弃食用油脂直接排入公共水域、公共厕所、排水管道或者以其他方式随意倾倒、抛洒、堆放的，责令立即清除污染，对单位处 5000 元以上 5 万元以下罚款，个人有以上行为的，处 1000 元以下罚款；

（二）将餐饮垃圾和废弃食用油脂混入其他类别生活垃圾存放、收运和处置的，对单位处以 5000 元以上 2 万元以下罚款，个人有以上行为的，处以 1000 元以下罚款；

（三）将餐饮垃圾和废弃食用油脂交未取得特许经营服务许可的单位和个人收运、处置的，对单位处以 2000 元以上 1 万元以下罚款，个人有以上行为的，处以 1000 元以下罚款；

（四）未经许可擅自收运、处置餐饮垃圾和废弃食用油脂的，责令停止违法行为，依法没收清运工具，对单位处以 5000 元以上 5 万元以下罚款，对个人有以上行为的，处以 1000 元以下罚款。

违反第二十条第（五）项、第（六）项规定，使用餐饮垃圾和废弃食用油脂饲养禽畜、水产品或者生产、加工食品和饲料的，分别由农业、食品药品监管和质量监督行政管理部门依法予以查处。

第三十六条 行政机关、事业单位、国有企业等内部食堂、餐厅违反本办法的，除依照本办法进行处罚外，对其主要领导和直接责任人员，依法追究行政责任。

第三十七条 城市管理、环保、公安、农业、食品药品监管等有关行政管理部门和城市管理综合执法机关及其工作人员在餐饮垃圾和废弃食用油脂监督管理工作中玩忽职守、滥用职权，造成重大损失或者恶劣影响的，由任免机关或者监察机关按照管理权限依法给予处分；涉嫌犯罪的，依法移送司法机关处理。

第五章 附 则

第三十八条 本办法自 2015 年 5 月 1 日起实施。

衡阳市人民政府办公室关于严厉打击
违法违规运输食用油的通知

衡政办函〔2013〕5 号

各县市区人民政府，市直有关单位，驻衡国省属有关单位：

食用油是人们群众日常生活所需的重要食品。为了加强监管，加大对违法违规运输食用油的打击力度，确保食用油的质量安全，依照有关法律法规的规定，现就有关事项通知如下：

一、严厉打击违法违规行为

我市是盐卤资源大市，化工企业多，从事化工产品运输的企业和车辆不少，主要是为工业园区的化工企业运输化工产品，少数企业和营运车辆为节省运输成本，非法谋取利益，利用化学品罐式运输车装运食用油和使用食用油罐式运输车运装化工产品。食品安全法明确规定，贮存、运输和装卸食品的容器包装、工具、设备和条件应当安全、无害，保持清洁，防止食品污染，不得将食品与有毒、有害物品一同运输，利用化学品罐式运输车运输食用油和使用食用油罐式运输车运装化工产品，违反了食品安全法相关规定，运输企业和营运车辆违反了道路运输条例等规定。全市食品安全监管和交通运输部门要加强巡查，严厉查处违法违规运输食用油行为，对涉嫌犯罪的，移送司法机关依法追究刑事责任。

二、严格落实监管责任

各县市区政府和各有关部门要按照"政府领导、部门履职、分级管理、属地负责"的要求，落实工作责任，强化监管措施，消除食用油质量安全隐患。质量技术监督、工商、食品药品监管部门要加强对食用油生产加工、流通、餐饮服务环节的监管，对利用化学品罐式运输车运输食用油和使用食用油罐式运输车运装化工产品的，按照食品安全法的有关规定依法处罚，对被污染的食用油依法收缴，并作无害化处理，防止流入餐桌；交通运输部门负责运输企业车辆的监管，在运输企业、运营车辆年检年审和运输业务许可颁发中，要责成企业签订承诺书，承诺不得非法混装食用油和超范围非法运输食用油，对一经查实的运输企业、运营车辆，没收违法所得，并由原发证部门吊销车辆经营许可；海事部门负责水路运输食用油船舶的监管，运输食用油的船舶要具备相应的卫生条件，装卸的码头要建立防污和环保等管理措施，对非法运输食用油的船舶，由海事部门依照国内水路运输管理条例的相关规定查处；公安部门负责协助食品安全监管和交通运输等部门的监管执法工作，负责犯罪案件的查办；安全生产监督管理部门及工业园区管委会负责督促化工生产企业严格执行运输化工产品的相关规定，不得利用食用油运输车辆装运化工产品。对在监管执法中不履行职责的部门和责任人，依法依规追究责任。

三、强化对生产经营单位的监管

严格实施食品生产经营许可制度，食品生产经营单位要依法履行食品安全主体责任，其法定代表人或主要负责人对食品安全负首要责任。要加强企业诚信和行业自律教育，引导企业守法经营，切实履行社会责任。质监、工商、食品药品监管等部门要强化对食品生产经营单位的监管，督促企业保证必要的食品安全投入，健全质量安全管理体系，严格执行食用油进货查验、出厂检验、索证验票、购销台账等各项制度，加强监督抽检和执法检查，对违法违规的食品生产经营单位，依法追究责任，对被吊销证照企业的有关责任人，依法实行行业禁入。

四、建立健全联动机制

各县市区、各有关部门要加强协调配合，建立健全监管信息互通、执法联动机制，及时通报情况，形成协作合力，实现对食用油质量安全的全程监管，确保不留隐患和死角。市、县两级工商、质量技术监督、食品药品监管、公安、交通运输部门之间要建立食品安全案件查办的通报制度，对利用化学品罐式运输车装运食用油和使用食用油罐式运输车运装化工产品的违法案件，负责查办的食品安全监管部门要在自受理案件起 24 小时内书面通报同级交通运输部门，同时报同级食品安全办备案，交通运输部门对违法违规运输食用油车辆和运输企业的查处情况要在结案之日起 3 个工作日内，书面通报相关食品安全监管部门，同时通报同级食品安全办。

五、充分发挥社会监督作用

实行食品安全有奖举报制度。对举报利用化学品罐式运输车运输食用油和使用食用油罐式运输车运输化工产品，并经核实的食品安全违法案件，依照《衡阳市食品安全有奖举报实施办法》（衡政发〔2012〕17 号）的相关规定，对举报人予以奖励。各县市区和食品安全监管执法部门要健全食品安全有奖举报制度，公布举报受理电话，做到有报必接、有接必查、有查必果、查实必奖，鼓励社会公众参与食品安全监管，严格执行举报保密制度，保护举报人的合法权益。

衡阳市人民政府办公室

2013 年 1 月 23 日

珠海市食用植物油储备管理办法

关于印发珠海市食用植物油储备管理办法的通知

横琴新区管委会，各区政府（管委会），市府直属各单位：

现将《珠海市食用植物油储备管理办法》印发给你们，请认真贯彻执行。执行中遇到问题，请直接向市粮食局反映。

珠海市人民政府
二〇一〇年六月三十日

第一章 总 则

第一条 根据国务院和省政府关于建立食用植物油储备制度的有关规定，为加强我市食用植物油储备管理，有效调控食用植物油市场，确保食用植物油应急供应，制定本办法。

第二条 本办法所称食用植物油储备是指市人民政府储备的用于调节全市食用植物油供求总量，稳定食用植物油市场，以及应对重大自然灾害或者其它突发事件等情况的食用植物成品油（以下简称"储备油"）。

第三条 储备油规模根据广东省人民政府考核珠海市人民

政府指标任务以及市人民政府有关指令确定。

第四条　市粮食行政管理部门负责对参与储备油投标承储企业的资格进行审核，下达储备油的储备规模、确定储存地点以及品种、质量要求，储备油的动用建议和日常监督管理工作。市财政部门按规定核拨储备油管理费用，并督促有关单位加强对专项经费的使用管理。

第五条　承担储备油储存任务的企业（以下简称"承储企业"）具体负责储备油的组织实施和轮换保管工作，并对储备油的数量、质量和储存安全负责。

第二章　承储轮换

第六条　储备油承储企业必须通过公开招、投标程序确定。招、投标费用纳入市级财政预算。

第七条　储备油的承储轮换招、投标领导、组织和监管工作，由珠海市储备粮（油）轮换招标领导小组具体负责。该小组由市发展改革局（粮食局）、市财政局、市监察局、市审计局和农业发展银行珠海分行组成，主要职责如下：

（一）负责组织对储备油承储企业的公开招、投标。

（二）负责审定储备油中标承储企业的储备费标准。

（三）负责对食用植物油储备各项工作的监督检查。

第八条　储备油承储企业须具备以下条件：

（一）须是在珠海市行政区划范围内，经市工商行政管理部门登记注册，具备食用油经营资格，且无违法经营记录的独立法人。

（二）在珠海市行政区划内拥有独立的经营场所，配套与储备油功能、仓型、轮换方式、品种等相适应的仓储设施。租赁仓储设施的，其租用期应在食用植物油承储合同签订起两年以上。

（三）具备必要的仓储保管人员和资金筹措能力，具备相应的食用植物油质量检验能力，具备相应的统计财会人员。

市粮食行政管理部门接到投标企业申请资料后，在 20 个工作日内组织市监察、财政、审计等有关部门完成投标企业的承储资格认定工作。

中标承储企业在承储合同期内被依法撤销、解散、破产、兼并的，其食用植物油储备任务由珠海市储备粮（油）轮换招标领导小组重新选定承储企业。

第九条 市粮食行政管理部门负责向承储企业下达储备油储备计划，并与其签订储备油承储合同，明确储存标的物和双方义务、责任、权利。承储企业依据储备计划和承储合同自筹资金、自行组织落实储备油承储任务。

第十条 储备油实行自主动态轮换制度，由承储企业结合自身经营，按照"库存保持常量，实物顶替轮换"的原则，在轮出储备油的同时将同一库点的周转库存中同品种、同质量、同等数量的食用植物油轮入为储备油，不得架空轮换，以确保合同期内任一时点储备油实际库存量不少于应储数量。自主动态轮换过程中发生的费用、损耗等由承储企业自行消化。

第十一条 承储企业的储备油管理须做到"一符一齐三专四落实"，即帐实相符，叠堆整齐，专仓（堆）储存、专人保管、专帐记载，数量、质量、品种、地点落实。专仓（堆）储存时，仓门或堆边要挂上按统一标准制作的标识牌，以示区别。储存点一经市粮食行政管理部门核准落实，承储企业不得擅自变更。如遇特殊情况确需变更储存点的，须事先报市粮食行政管理部门批准。

第十二条　承储企业必须建立储备油统计台帐，逐笔记载，于每月 5 日前向市粮食行政管理部门报送储备油统计月报及自主动态轮换情况。

第三章　动　用

第十三条　珠海市储备油的应急动用权、调度权属市人民政府。出现下列情形之一时，经市人民政府同意方可动用储备油：

（一）食用植物油明显供不应求或市场价格异常波动的；

（二）发生重大自然灾害或其它突发事件需要动用的；

（三）市人民政府认为需要动用的。

第十四条　市粮食行政管理部门要按照有关应急预案的要求，会同市物价、财政等部门，适时提出包括动用的品种、数量和价格等建议方案，报市人民政府批准后实施。市人民政府在紧急状态下，可以直接下达动用储备油的命令。

市属及各区、镇有关部门和单位对储备油动用命令的实施，必须予以支持配合。

任何单位和个人不得拒绝执行或者擅自改变储备油应急动用命令。

第十五条　因紧急动用储备油导致承储企业发生政策性亏

损的，由承储企业提出申请，经市粮食行政管理部门会同市物价、财政部门审核确认价差，报市人民政府批准后，由市财政部门从粮食风险基金专户中拨补。

第四章　储备费用

第十六条　储备油专项资金纳入年度市级财政预算，主要用于支付承储企业的储备油储备费用。专项资金规模和费用支付标准按市人民政府批准文件执行。

储备费用由承储企业实行包干使用，专款专用。

储备油的应急动用费用不包含在储备费用使用范围内。

第十七条　储备费用支付采取合同期内定期按比例支付和合同期结束后统一结算相结合的办法，按市人民政府批准的费用支付标准，结合承储企业该定期内的储备油实际库存数计算该定期储备费用应付额，按应付额的 80% 支付该定期储备费用实际支付额，余额累计至合同期结束后一并结算支付。

第十八条　在合同期内每一个定期（季度）结束后 5 个工作日内，承储企业凭相关材料向市粮食行政管理部门申请该定期储备油储备费用。市粮食行政管理部门受理承储企业申请后，根据各承储企业的实际承储情况核定储备费用，市财政部门将储备费用核拨至市粮食局后统一分解到各承储企业。

承储企业申请储备费用时须提交以下材料：

（一）珠海市食用植物油储备费用申请表；

（二）珠海市食用植物油储备统计台帐；

（三）质量自行检测证明；

（四）其它需要提交的材料。

第五章 监督管理

第十九条 市粮食行政管理部门必须加强对承储企业执行本办法及有关法律、法规的监督检查，有权随时到承储企业查点承储库存和规范承储企业的承储行为，承储企业必须予以配合，以确保储备油的储存安全。

第二十条 承储企业在合同期内出现下列之一情形，市粮食行政管理部门除责令其整改外，并扣减其全年 10% 的储备费用：

（一）出现三次以上（含三次）不配合监督检查的；

（二）检查发现三次以上（含三次）未做到"一符一齐三专四落实"的；

（三）经督促三次以上（含三次）仍未建立统计台帐或检查出三次以上（含三次）统计台帐记载不详的；

（四）检查发现三次以上（含三次）储备油实际库存量少于应储数量 5% 以内（不含 5%）的；

（五）其它不利于储备油正常管理行为。

第二十一条 承储企业在合同期内出现下列之一情形，市粮食行政管理部门除责令其整改外，并扣减其全年 20% 的储备费用：

（一）储备油不符合承储合同规定的质量等级和标准要求的；

（二）检查出两次以上（含两次）储备油实际库存量少于

应储数量5-10%（不含10%）以内，或检查出一次以上（含一次）储备油实际库存量少于应储数量10%以上的。

第二十二条 承储企业在合同期内出现下列之一情形，市粮食行政管理部门有权追缴合同期内已划拨的储备费用，取消其承储资格。

（一）多次违反本办法第十八条、第十九条的；

（二）拒绝监督检查的；

（三）储备油严重不符合储备油承储合同规定的质量等级和标准要求的；

（四）检查出三次（含三次）储备油实际库存量少于应储数量30%以内，或检查出一次（含一次）储备油实际库存量少于应储数量50%以上的；

（五）其它危及储备油正常管理行为。

第二十三条 承储企业在合同期内出现下列之一情形，除按照第十九至第二十一条规定执行外，并送有关部门依照相关法律追究责任：

（一）动用储备油应急时实际库存量少于应储数量或质量不符合国家有关标准的；

（二）动用储备油应急时不听从调配的；

（三）其它严重危害储备油正常管理行为。

第六章　附　　则

第二十四条 本办法由市粮食行政管理部门负责解释。

第二十五条 本办法自2010年8月1日起实施。

常德市人民政府关于禁止生产销售使用无包装无标识食用油的通告

常政通告〔2012〕9号

为加强食用油市场监管，保障人民群众身体健康和生命安全，根据《中华人民共和国食品安全法》和《食品标识管理规定（修订版）》（国家质检总局 2009 年第 123 号令），现就禁止生产、销售、使用无包装、无标识食用油有关事项通告如下：

一、所有从事生产加工食用油并销售（含分装，下同）的企业（传统的茶油、菜油、香油等现场生产加工自用的小作坊除外），应向质监部门申请，依法取得食品生产许可证，凭食品生产许可证生产加工相应品种的食用油；禁止生产加工、出售无包装、无标识的食用油。

二、所有食用油流通经营者禁止销售无包装、无标识、无检验报告、未经质监部门批准擅自生产加工的食用油，也不得销售包装、标识不符合国家有关规定的食用油。

三、所有餐饮服务者应当按照《中华人民共和国食品安全法》及有关规定，严格执行采购索证索票制度，禁止购进和使用非法生产加工、无包装、无标识的食用油；禁止购进和使用小作坊生产加工的食用油。

四、所有食用油生产者、流通经营者和餐饮服务者必须建立食用油台账，详细记录相关信息，且保存期不得少于 2 年。

五、对违反本通告规定的，由质监、工商、药监等相关职能部门依法依规查处；涉嫌犯罪的，依法追究刑事责任。对违法违规生产、销售、使用无包装、无标识食用油的，欢迎广大市民拨打举报电话：7203585（市食品安全办）、12315（市工商局）、12365（市质监局）、12331（市药监局）。

六、本通告自发布之日起施行。

二〇一二年十二月二十日

甘肃省食品药品监督管理局关于
禁止生产经营和使用散装食用油
散装酱油和散装食醋的通告

甘食药监发〔2013〕211号

为进一步加强食用油、酱油和食醋质量安全监管，严厉打击制售"地沟油"、假冒伪劣酱油和食醋的违法犯罪行为，保障人民群众身体健康和生命安全，根据《中华人民共和国食品安全法》等有关法律法规的规定，现就禁止生产经营和使用散装食用油、散装酱油、散装食醋的有关事项通告如下：

一、本通告所指的散装食用油、散装酱油和散装食醋，是指以散装形式生产经营和使用的无预包装、无食品名称、生产日期、保质期、厂名厂址、生产许可 QS 标志、生产经营者名称及联系方式的食用油、酱油和食醋。

二、在本省范围内从事食用油、酱油、食醋生产加工和分装，应当依法取得食品生产许可证和营业执照，其生产的食用油最大包装 25 公斤，酱油和食醋最大包装 10 公斤。产品的包装、标识应当符合《预包装食品标签通则》（GB7718—2011）。未经许可不得擅自从事食用油、酱油和食醋生产加工和分装活动。

三、利用传统工艺从事胡麻油、菜籽油、花生油、芝麻油等现场制售的小作坊和酱油、食醋加工小作坊，应当符合《食品安全法》的相关规定。其产品每季度委托法定机构进行检验，依法取得质量合格证明，且只能在生产经营场所零售，不得从事批发业务或异地销售。

四、禁止非法生产加工和出售无包装、无标识的散装食用油、散装酱油和散装食醋。所有从事食用油、酱油和食醋的生产经营者，应当建立并严格执行原、辅料进货查验和查验记录制度。

五、本省所有食品生产经营者和餐饮服务单位禁止采购和使用散装食用油、散装酱油和散装食醋。

六、对违反本通告要求的，由食品药品监管部门依法查处；涉嫌犯罪的，依法移送司法机关追究刑事责任。欢迎广大消费者拨打 12331 监督举报电话。

七、本通告自 2014 年 1 月 1 日起施行。

甘肃省食品药品监督管理局

2013 年 11 月 15 日

食品安全地方标准小油坊压榨花生油黄曲霉毒素 B1 控制规范

DBS 45/045—2017

(2017 年 2 月 11 日广西壮族自治区卫生与计划生育委员会发布，2017 年 6 月 1 日实施)

前　言

本标准按 GB/T 1.1—2009 的格式编写。

本标准由广西壮族自治区卫生和计划生育委员会提出。

本标准负责起草单位：广西壮族自治区粮油质量检验站。

本标准主要起草人：略。

1　范围

本标准规定了小油坊压榨法花生油生产中的术语和定义、生产过程控制要求和管理要求。

本标准适用于小油坊压榨法花生油生产中黄曲霉毒素 B1 的控制操作。

2　规范性引用文件

下列文件对于本文件的应用是必不可少的。凡是注日期的引用文件，仅所注日期的版本适用于本文件。凡是不注日期的引用文件，其最新版本（包括所有的修改单）适用于本文件。

GB 1534　花生油

GB 2761　食品安全国家标准　食品中真菌毒素限量

GB 5491　粮食、油料检验　扦样、分样法

GB/T 5524　动植物油脂　扦样

GB 19641　食品安全国家标准　食用植物油料

3　术语和定义

3.1　小油坊

指有固定场所、从业人员较少、生产加工规模小、无预包装或简易包装、销售范围相对固定的具备从事成品花生油生产加工的小作坊。

3.2　压榨法

指借助机械外力的作用，将油脂从油料中挤压出来的取油方法。

3.3　花生原油

未经任何处理的不能直接供人类食用的花生油。

3.4　成品花生油

经相关工艺处理符合国家食品安全标准规定的花生油。

3.5　物理精炼

指对原油进行精制的过程。一般可通过机械、物理方法中的一种或多种方法联用去除原油中的杂质及污染物的过程。

4　生产过程控制要求

4.1　原料

4.1.1　原料验收

应制定采购标准，保证采购花生水分、杂质、霉变率、新

鲜度能有效控制，从批发市场采购应索取检验合格报告，原料购进后，应按 GB 5491 扦样规定，对原料进行抽样检验，原料花生应符合 GB 19641 规定。

4.1.2　原料储存

原料应存储于独立库房中，面积应满足生产实际需要，清洁干燥、平整，有温控、防潮、防虫、防鼠措施，一般储存温度不超过25℃，湿度在 70%以下，堆垛底应离地、离墙不小于 10cm。

原料储存时要确保水分在安全水分以下，一般花生仁水分应控制在9%以下，不宜长期储存，应尽快加工，以保证原料质量安全。

4.2　生产条件

4.2.1　生产场所

小油坊应具有足够空间，以利于设备、物料的贮存与运输、卫生清理和人员通行。面积应满足生产需要。地面、墙面平整，应使用水泥或瓷砖等铺装硬化，便于清洗、消毒；墙面应铺设或覆涂有不低于操作高度的无毒、无味的防渗透墙裙，有清洁设施。

生活区应与生产区分开，根据生产工艺合理设置功能区域，一般划分为原料储存间、原料处理区、生产加工区、半成品存放区、油脂精炼区、成品存放区、化验区，各功能区上方应标示功能区名称，标示必须稳固。

小油坊应有严格防止鼠、蝇及其他害虫侵入和隐匿的设施。

4.2.2 生产设备

清理设施、蒸炒设备（需要蒸炒时）、压榨设备、过滤设备、离心分离设备（需要离心分离时）、精炼设备、计量设备、储油罐（桶）、抽湿机、空调、其他必要的辅助设备。

4.3 生产工艺

花生（或剥壳）→清理→蒸炒（或不蒸炒）→脱衣（或不脱衣）→调质（或不调质）→压榨→过滤→沉淀→花生原油→物理精炼→成品花生油

4.4 精炼操作

压榨法制取的花生原油应存放于不锈钢储油罐（桶）中，沉淀 72 小时以上，充分分离油脂中胶质、磷质等杂质。

花生原油满足 4.4.1 规定的沉淀时间后，按 GB/T 5524 规定方法扦样，进行黄曲霉毒素 B1 含量检测，根据检测结果，选择合适的精炼方法进行操作。

4.5 紫外线照射法

根据对花生原油中黄曲霉毒素 B1 检测结果，可选择紫外照射法，将油脂中的黄曲霉毒素 B1 经过紫外线照射处理，降解至更低的安全限值。

参考的紫外照射设备及处理条件：容器规格长 400 - 480mm，直径 90-100mm，6-10 个容器的串联装置，紫外灯照射功率 500W-1000W，用油泵泵油，控制流速，照射时间 10-15 分钟，照射后油温不超过 100℃。

4.6 其他去除黄曲霉毒素 B1 方法

根据对花生原油中黄曲霉毒素 B1 检测结果，也可采用有效的其他降解方法（比如吸附法、电解法等）。按处理工艺不同，必要时还需进行过滤或离心操作处理，使油品中黄曲霉毒素 B1 含量降解至更低的安全限值。

4.7 生产过程管理

生产场所应保持清洁、干净、通风，不应有积水、淤泥、废弃物等容易造成食品污染的隐患。

直接与食品接触的设备、器具和生产用管道在使用前、加工后或因中断操作，应将所有加工设备、中间容器及管道中积存的油料或油脂全部清出，防止腐烂的油料重复加工，必要时消毒，防止油品污染。

加工前应对花生原料进行清理精选，通过清理设施或人工将花生仁中的泥土块、粉尘及果壳等杂质、生霉粒、生芽粒、生虫粒等清理和挑拣干净。

5 管理要求

5.1 人员要求

生产管理人员必须符合食品加工人员健康管理与卫生要求，管理及检验人员应满足生产需求。负责人和主要生产人员应学习和熟习食品安全相关法律、法规和标准知识，应通过食品安全相关培训，提高其对产品质量和安全的认识，明确其责任。

5.2 检验要求

应采用国家认可的检测方法，对原料及原油、成品油进行黄曲霉毒素 B1 检验。

5.3 产品质量要求

小油坊压榨法生产的花生油，产品质量应符合 GB 1534、GB 2761 规定要求。

5.4 采购验收要求

应按本标准规定建立采购验收制度，并按制度规定，严格执行，避免不合格原料对产品质量的影响。

5.5 其他管理要求

小油坊应当依照相关法律、法规建立健全食品安全管理制度，并按制度运行，建立记录台帐，记录内容应符合有关法律、法规规定，且记录保存期不得少于一年。

粮食油料法律法规学习读本

粮食流通法律法规

李勇 主编

汕头大学出版社

图书在版编目（CIP）数据

粮食流通法律法规／李勇主编 . -- 汕头：汕头大学出版社（2021 . 7 重印）

（粮食油料法律法规学习读本）

ISBN 978-7-5658-3201-7

Ⅰ . ①粮… Ⅱ . ①李… Ⅲ . ①粮食流通-法规-中国-学习参考资料 Ⅳ . ①D922.4

中国版本图书馆 CIP 数据核字（2017）第 254798 号

粮食流通法律法规　　LIANGSHI LIUTONG FALÜ FAGUI

主　　编：李　勇

责任编辑：邹　峰

责任技编：黄东生

封面设计：大华文苑

出版发行：汕头大学出版社

　　　　　广东省汕头市大学路 243 号汕头大学校园内　　邮政编码：515063

电　　话：0754-82904613

印　　刷：三河市南阳印刷有限公司

开　　本：690mm×960mm 1/16

印　　张：18

字　　数：226 千字

版　　次：2017 年 10 月第 1 版

印　　次：2021 年 7 月第 2 次印刷

定　　价：59.60 元（全 2 册）

ISBN 978-7-5658-3201-7

前　言

习近平总书记指出："推进全民守法，必须着力增强全民法治观念。要坚持把全民普法和守法作为依法治国的长期基础性工作，采取有力措施加强法制宣传教育。要坚持法治教育从娃娃抓起，把法治教育纳入国民教育体系和精神文明创建内容，由易到难、循序渐进不断增强青少年的规则意识。要健全公民和组织守法信用记录，完善守法诚信褒奖机制和违法失信行为惩戒机制，形成守法光荣、违法可耻的社会氛围，使遵法守法成为全体人民共同追求和自觉行动。"

中共中央、国务院曾经转发了中央宣传部、司法部关于在公民中开展法治宣传教育的规划，并发出通知，要求各地区各部门结合实际认真贯彻执行。通知指出，全民普法和守法是依法治国的长期基础性工作。深入开展法治宣传教育，是全面建成小康社会和新农村的重要保障。

普法规划指出：各地区各部门要根据实际需要，从不同群体的特点出发，因地制宜开展有特色的法治宣传教育坚持集中法治宣传教育与经常性法治宣传教育相结合，深化法律进机关、进乡村、进社区、进学校、进企业、进单位的"法律六进"主题活动，完善工作标准，建立长效机制。

特别是农业、农村和农民问题，始终是关系党和人民事业发展的全局性和根本性问题。党中央、国务院发布的《关于推进社会主义新农村建设的若干意见》中明确提出要"加强农村法制建设，深入开展农村普法教育，增强农民的法制观念，提高农民依法行使权利和履行义务的自觉性。"多年普法实践证明，普及法律知识，提高法制观念，增强全社会依法办事意识具有重要作用。特别是在广大农村进行普法教育，是提高全民法律素质的需要。

多年来，我国在农村实行的改革开放取得了极大成功，农村发生了翻天覆地的变化，广大农民生活水平大大得到了提高。但是，由于历史和社会等原因，现阶段我国一些地区农民文化素质还不高，不学法、不懂法、不守法现象虽然较原来有所改变，但仍有相当一部分群众的法制观念仍很淡化，不懂、不愿借助法律来保护自身权益，这就极易受到不法的侵害，或极易进行违法犯罪活动，严重阻碍了全面建成小康社会和新农村步伐。

为此，根据党和政府的指示精神以及普法规划，特别是根据广大农村农民的现状，在有关部门和专家的指导下，特别编辑了这套《全国普法学习读本》。主要包括了广大人民群众应知应懂、实际实用的法律法规。为了辅导学习，附录还收入了相应法律法规的条例准则、实施细则、解读解答、案例分析等；同时为了突出法律法规的实际实用特点，兼顾地方性和特殊性，附录还收入了部分某些地方性法律法规以及非法律法规的政策文件、管理制度、应用表格等内容，拓展了本书的知识范围，使法律法规更"接地气"，便于读者学习掌握和实际应用。

在众多法律法规中，我们通过甄别，淘汰了废止的，精选了最新的、权威的和全面的。但有部分法律法规有些条款不适应当下情况了，却没有颁布新的，我们又不能擅自改动，只得保留原有条款，但附录却有相应的补充修改意见或通知等。众多法律法规根据不同内容和受众特点，经过归类组合，优化配套。整套普法读本非常全面系统，具有很强的学习性、实用性和指导性，非常适合用于广大农村和城乡普法学习教育与实践指导。总之，是全国全民普法的良好读本。

目　录

粮食流通管理条例

粮食收储有关管理办法

附 录

粮食流通管理条例

中华人民共和国国务院令

第 666 号

《国务院关于修改部分行政法规的决定》已经 2016 年 1 月 13 日国务院第 119 次常务会议通过，现予公布，自公布之日起施行。

总理 李克强

2016 年 2 月 6 日

（2004 年 5 月 26 日中华人民共和国国务院令第 407 号公布；根据 2013 年 7 月 18 日《国务院关于废止和修改部分行政法规的决定》第一次修订；根据 2016 年 2 月 6 日《国务院关于修改部分行政法规的决定》第二次修订）

第一章 总 则

第一条 为了保护粮食生产者的积极性，促进粮食生产，维护经营者、消费者的合法权益，保障国家粮食安全，维护粮食流通秩序，根据有关法律，制定本条例。

第二条 在中华人民共和国境内从事粮食的收购、销售、储存、运输、加工、进出口等经营活动（以下统称粮食经营活动），应当遵守本条例。

前款所称粮食，是指小麦、稻谷、玉米、杂粮及其成品粮。

第三条 国家鼓励多种所有制市场主体从事粮食经营活动，促进公平竞争。依法从事的粮食经营活动受国家法律保护。严禁以非法手段阻碍粮食自由流通。

国有粮食购销企业应当转变经营机制，提高市场竞争能力，在粮食流通中发挥主渠道作用，带头执行国家粮食政策。

第四条 粮食价格主要由市场供求形成。

国家加强粮食流通管理，增强对粮食市场的调控能力。

第五条 粮食经营活动应当遵循自愿、公平、诚实信用的原则，不得损害粮食生产者、消费者的合法权益，不得损害国家利益和社会公共利益。

第六条 国务院发展改革部门及国家粮食行政管理部门负责全国粮食的总量平衡、宏观调控和重要粮食品种的结构调整以及粮食流通的中长期规划；国家粮食行政管理部门负责粮食流通的行政管理、行业指导，监督有关粮食流通的法律、法规、政策及各项规章制度的执行。

国务院工商行政管理、产品质量监督、卫生、价格等部门在各自的职责范围内负责与粮食流通有关的工作。

省、自治区、直辖市人民政府在国家宏观调控下，按照粮食省长负责制的要求，负责本地区粮食的总量平衡和地方储备粮的管理。县级以上地方人民政府粮食行政管理部门负责本地区粮食流通的行政管理、行业指导；县级以上地方人民政府工商行政管理、产品质量监督、卫生、价格等部门在各自的职责范围内负责与粮食流通有关的工作。

第二章　粮食经营

第七条　粮食经营者，是指从事粮食收购、销售、储存、运输、加工、进出口等经营活动的法人、其他经济组织和个体工商户。

第八条　从事粮食收购活动的经营者，应当具备下列条件：

（一）具备经营资金筹措能力；

（二）拥有或者通过租借具有必要的粮食仓储设施；

（三）具备相应的粮食质量检验和保管能力。

前款规定的具体条件，由省、自治区、直辖市人民政府规定、公布。

第九条　依照《中华人民共和国公司登记管理条例》等规定办理登记的经营者，取得粮食收购资格后，方可从事粮食收购活动。

申请从事粮食收购活动，应当向办理工商登记的部门同级的粮食行政管理部门提交书面申请，并提供资金、仓储设施、质量检验和保管能力等证明材料。粮食行政管理部门应当自受理之日起 15 个工作日内完成审核，对符合本条例第八条规定具体条件的申请者作出许可决定并公示。

第十条 依法从事粮食收购活动的粮食经营者（以下简称粮食收购者），应当告知售粮者或者在收购场所公示粮食的品种、质量标准和收购价格。

第十一条 粮食收购者收购粮食，应当执行国家粮食质量标准，按质论价，不得损害农民和其他粮食生产者的利益；应当及时向售粮者支付售粮款，不得拖欠；不得接受任何组织或者个人的委托代扣、代缴任何税、费和其他款项。

第十二条 粮食收购者应当向收购地的县级人民政府粮食行政管理部门定期报告粮食收购数量等有关情况。

跨省收购粮食，应当向收购地和粮食收购者所在地的县级人民政府粮食行政管理部门定期报告粮食收购数量等有关情况。

第十三条 从事粮食销售、储存、运输、加工、进出口等经营活动的粮食经营者应当在工商行政管理部门登记。

第十四条 粮食经营者使用的粮食仓储设施，应当符合粮食储存有关标准和技术规范的要求。粮食不得与可能对粮食产生污染的有害物质混存，储存粮食不得使用国家禁止使用的化学药剂或者超量使用化学药剂。

第十五条 运输粮食应当严格执行国家粮食运输的技术规范，不得使用被污染的运输工具或者包装材料运输粮食。

第十六条 从事食用粮食加工的经营者，应当具有保证粮食质量和卫生必备的加工条件，不得有下列行为：

（一）使用发霉变质的原粮、副产品进行加工；

（二）违反规定使用添加剂；

（三）使用不符合质量、卫生标准的包装材料；

（四）影响粮食质量、卫生的其他行为。

第十七条 销售粮食应当严格执行国家有关粮食质量、卫生标准，不得短斤少两、掺杂使假、以次充好，不得囤积居奇、垄断或者操纵粮食价格、欺行霸市。

第十八条 建立粮食销售出库质量检验制度。粮食储存企业对超过正常储存年限的陈粮，在出库前应当经过粮食质量检验机构进行质量鉴定，凡已陈化变质、不符合食用卫生标准的粮食，严禁流入口粮市场。陈化粮判定标准，由国家粮食行政管理部门会同有关部门制定，陈化粮销售、处理和监管的具体办法，依照国家有关规定执行。

第十九条 从事粮食收购、加工、销售的经营者，必须保持必要的库存量。

必要时，由省、自治区、直辖市人民政府规定最低和最高库存量的具体标准。

第二十条 国有和国有控股粮食企业应当积极收购粮食，并做好政府委托的粮食收购和政策性用粮的购销工作，服从和服务于国家宏观调控。

第二十一条 对符合贷款条件的粮食收购者，银行应当按照国家有关规定及时提供收购贷款。中国农业发展银行应当保证中央和地方储备粮以及政府调控用粮和其他政策性用粮的信贷资金需要，对国有和国有控股的粮食购销企业、大型粮食产业化龙头企业和其他粮食购销企业，按企业的风险承受能力提供信贷资金支持。

第二十二条 所有从事粮食收购、销售、储存、加工的粮食经营者以及饲料、工业用粮企业，应当建立粮食经营台账，并向所在地的县级人民政府粮食行政管理部门报送粮食购进、销售、储存等基本数据和有关情况。粮食经营者保留粮食经营台账的期限不得少于3年。粮食经营者报送的基本数据和有关情况涉及商业秘密的，粮食行政管理部门负有保密义务。

国家粮食流通统计制度，由国家粮食行政管理部门制定，报国务院统计部门批准。

第二十三条 粮食行业协会以及中介组织应当加强行业自律，在维护粮食市场秩序方面发挥监督和协调作用。

第三章 宏观调控

第二十四条 国家采取储备粮吞吐、委托收购、粮食进出口等多种经济手段和价格干预等必要的行政手段，加强对粮食市场的调控，保持全国粮食供求总量基本平衡和价格基本稳定。

第二十五条 国家实行中央和地方分级粮食储备制度。粮食储备用于调节粮食供求，稳定粮食市场，以及应对重大自然灾害或者其他突发事件等情况。

政策性用粮的采购和销售，原则上通过粮食批发市场公开进行，也可以通过国家规定的其他方式进行。

第二十六条 国务院和地方人民政府建立健全粮食风险基金制度。粮食风险基金主要用于对种粮农民直接补贴、支持粮食储备、稳定粮食市场等。

国务院和地方人民政府财政部门负责粮食风险基金的监督

管理，确保专款专用。

第二十七条 当粮食供求关系发生重大变化时，为保障市场供应、保护种粮农民利益，必要时可由国务院决定对短缺的重点粮食品种在粮食主产区实行最低收购价格。

当粮食价格显著上涨或者有可能显著上涨时，国务院和省、自治区、直辖市人民政府可以按照《中华人民共和国价格法》的规定，采取价格干预措施。

第二十八条 国务院发展改革部门及国家粮食行政管理部门会同农业、统计、产品质量监督等部门负责粮食市场供求形势的监测和预警分析，建立粮食供需抽查制度，发布粮食生产、消费、价格、质量等信息。

第二十九条 国家鼓励粮食主产区和主销区以多种形式建立稳定的产销关系，鼓励建立产销一体化的粮食经营企业，发展订单农业，在执行最低收购价格时国家给予必要的经济优惠，并在粮食运输方面给予优先安排。

第三十条 在重大自然灾害、重大疫情或者其他突发事件引起粮食市场供求异常波动时，国家实施粮食应急机制。

第三十一条 国家建立突发事件的粮食应急体系。国务院发展改革部门及国家粮食行政管理部门会同国务院有关部门制定全国的粮食应急预案，报请国务院批准。省、自治区、直辖市人民政府根据本地区的实际情况，制定本行政区域的粮食应急预案。

第三十二条 启动全国的粮食应急预案，由国务院发展改革部门及国家粮食行政管理部门提出建议，报国务院批准后实施。

启动省、自治区、直辖市的粮食应急预案，由省、自治区、直辖市发展改革部门及粮食行政管理部门提出建议，报本级人民政府决定，并向国务院报告。

第三十三条　粮食应急预案启动后，所有粮食经营者必须按国家要求承担应急任务，服从国家的统一安排和调度，保证应急工作的需要。

第四章　监督检查

第三十四条　粮食行政管理部门依照本条例对粮食经营者从事粮食收购、储存、运输活动和政策性用粮的购销活动，以及执行国家粮食流通统计制度的情况进行监督检查。

粮食行政管理部门应当根据国家要求对粮食收购资格进行核查。

粮食行政管理部门在监督检查过程中，可以进入粮食经营者经营场所检查粮食的库存量和收购、储存活动中的粮食质量以及原粮卫生；检查粮食仓储设施、设备是否符合国家技术规范；查阅粮食经营者有关资料、凭证；向有关单位和人员调查了解相关情况。

第三十五条　产品质量监督部门依照有关法律、行政法规的规定，对粮食加工过程中的以假充真、以次充好、掺杂使假等违法行为进行监督检查。

第三十六条　工商行政管理部门依照有关法律、行政法规的规定，对粮食经营活动中的无照经营、超范围经营以及粮食销售活动中的囤积居奇、欺行霸市、强买强卖、掺杂使假、以次充好等扰乱市场秩序和违法违规交易行为进行监督检查。

第三十七条　卫生部门依照有关法律、行政法规的规定，对粮食加工、销售中的卫生以及成品粮储存中的卫生进行监督检查。

第三十八条　价格主管部门依照有关法律、行政法规的规定，对粮食流通活动中的价格违法行为进行监督检查。

第三十九条　任何单位和个人有权对违反本条例规定的行为向有关部门检举。有关部门应当为检举人保密，并依法及时处理。

第五章　法律责任

第四十条　未经粮食行政管理部门许可擅自从事粮食收购活动的，由粮食行政管理部门没收非法收购的粮食；情节严重的，并处非法收购粮食价值1倍以上5倍以下的罚款；构成犯罪的，依法追究刑事责任。

第四十一条　以欺骗、贿赂等不正当手段取得粮食收购资格许可的，由粮食行政管理部门取消粮食收购资格，没收违法所得；构成犯罪的，依法追究刑事责任。

粮食行政管理部门工作人员办理粮食收购资格许可，索取或者收受他人财物或者谋取其他利益，构成犯罪的，依法追究刑事责任；尚不构成犯罪的，依法给予行政处分。

第四十二条　粮食收购者有未按照规定告知、公示粮食收购价格或者收购粮食压级压价，垄断或者操纵价格等价格违法行为的，由价格主管部门依照《中华人民共和国价格法》的有关规定给予行政处罚。

第四十三条 有下列情形之一的，由粮食行政管理部门责令改正，予以警告，可以处 20 万元以下的罚款；情节严重的，并由粮食行政管理部门暂停或者取消粮食收购资格：

（一）粮食收购者未执行国家粮食质量标准的；

（二）粮食收购者被售粮者举报未及时支付售粮款的；

（三）粮食收购者违反本条例规定代扣、代缴税、费和其他款项的；

（四）从事粮食收购、销售、储存、加工的粮食经营者以及饲料、工业用粮企业未建立粮食经营台账，或者未按照规定报送粮食基本数据和有关情况的；

（五）接受委托的粮食经营者从事政策性用粮的购销活动未执行国家有关政策的。

第四十四条 陈粮出库未按照本条例规定进行质量鉴定的，由粮食行政管理部门责令改正，给予警告；情节严重的，处出库粮食价值 1 倍以上 5 倍以下的罚款。

倒卖陈化粮或者不按照规定使用陈化粮的，由工商行政管理部门没收非法倒卖的粮食，并处非法倒卖粮食价值 20% 以下的罚款；情节严重的，由工商行政管理部门并处非法倒卖粮食价值 1 倍以上 5 倍以下的罚款，吊销营业执照；构成犯罪的，依法追究刑事责任。

第四十五条 从事粮食收购、加工、销售的经营者的粮食库存低于规定的最低库存量的，由粮食行政管理部门责令改正，给予警告；情节严重的，处不足部分粮食价值 1 倍以上 5 倍以下的罚款，并可以取消粮食收购资格。

从事粮食收购、加工、销售的经营者的粮食库存超出规定的最高库存量的，由粮食行政管理部门责令改正，给予警告；情节严重的，处超出部分粮食价值1倍以上5倍以下的罚款，并可以取消粮食收购资格。

第四十六条 粮食经营者未按照本条例规定使用粮食仓储设施、运输工具的，由粮食行政管理部门或者卫生部门责令改正，给予警告；被污染的粮食不得非法销售、加工。

第四十七条 违反本条例第十六条、第十七条规定的，由产品质量监督部门、工商行政管理部门、卫生部门等依照有关法律、行政法规的规定予以处罚。

第四十八条 财政部门未按照国家关于粮食风险基金管理的规定及时、足额拨付补贴资金，或者挤占、截留、挪用补贴资金的，由本级人民政府或者上级财政部门责令改正，对有关责任人员依法给予行政处分；构成犯罪的，依法追究有关责任人员的刑事责任。

第四十九条 违反本条例规定，阻碍粮食自由流通的，依照《国务院关于禁止在市场经济活动中实行地区封锁的规定》予以处罚。

第五十条 监督检查人员违反本条例规定，非法干预粮食经营者正常经营活动的，依法给予行政处分；构成犯罪的，依法追究刑事责任。

第六章　附　则

第五十一条 本条例下列用语的含义是：

粮食收购，是指为了销售、加工或者作为饲料、工业原料等直接向种粮农民或者其他粮食生产者批量购买粮食的活动。

粮食加工，是指通过处理将原粮转化成半成品粮、成品粮，或者将半成品粮转化成成品粮的经营活动。

第五十二条 大豆、油料和食用植物油的收购、销售、储存、运输、加工、进出口等经营活动，适用本条例除第八条、第九条以外的规定。

粮食进出口的管理，依照有关法律、行政法规的规定执行。

中央储备粮的管理，依照《中央储备粮管理条例》的规定执行。

第五十三条 本条例自公布之日起施行。1998 年 6 月 6 日国务院发布的《粮食收购条例》、1998 年 8 月 5 日国务院发布的《粮食购销违法行为处罚办法》同时废止。

附　录

粮食流通监督检查暂行办法

国家发展和改革委员会　国家粮食局
财政部　卫生部　国家工商行政管理总局
国家质量监督检验检疫总局关于印发
《粮食流通监督检查暂行办法》的通知
国粮检〔2004〕230号

各省、自治区、直辖市及新疆生产建设兵团发展和改革委员会、粮食局、财政厅（局）、卫生厅（局）、工商行政管理局、质量技术监督局、各直属出入境检验检疫局：

为贯彻落实《粮食流通管理条例》（国务院令第407号）和《国务院关于进一步深化粮食流通体制改革的意见》（国发〔2004〕17号）精神，依法做好粮食流通监督检查工作，规范和指导粮食流通监督管理，维护粮食流通秩序，保护粮食生产者的积极性，维护经营者、消费者的合法权益，特制定《粮食流通监督检查暂行办法》，现印发给你们，请遵照执行。

各地可根据上述办法，结合本地实际，制定具体的实施细则。

中华人民共和国发展和改革委员会

国家粮食局

中华人民共和国财政部

中华人民共和国卫生部

中华人民共和国工商行政管理总局

中华人民共和国国家质量监督检验检疫总局

二〇〇四年十一月十六日

第一章　总　则

第一条　为规范和指导粮食流通监督管理，维护粮食流通秩序，保护粮食生产者的积极性，维护经营者、消费者的合法权益，根据有关法律、《粮食流通管理条例》、以及有关行政法规，制定本办法。

第二条　本办法适用于在中华人民共和国境内对从事粮食的收购、销售、储存、运输、加工等经营活动（以下统称粮食经营活动）的监督检查。

第三条　粮食流通监督检查实行国家各有关部门分工负责制和中央与地方分级负责制。

国家粮食行政管理部门对有关粮食流通的法律、法规、政策及各项规章制度的执行情况进行监督，负责粮食流通监督检查的行政管理和行业指导。省级粮食行政管理部门负责辖区内粮食流通监督检查的行政管理和行业指导。地方各级粮食行政管理部门在本辖区内依法履行监督检查职责，执行上级粮食行政管理部门下达的粮食流通监督检查任务。

工商行政管理、质量监督、卫生、价格、财政等部门在各自的职责范围内负责与粮食流通监督检查有关的工作。

各级粮食流通监督检查有关部门要建立监督检查工作协调机制，加强工作配合和信息交流。

第四条　各级粮食行政管理部门要切实加强粮食流通监督检查制度的建设，充实加强监督检查人员队伍。

从事粮食流通监督检查工作的人员，应当具有法律和相关业务知识，并定期接受培训和考核。

第五条　粮食流通监督检查实行持证检查制度。粮食行政管理部门的监督检查人员在执行任务时要出示《粮食监督检查证》。《粮食监督检查证》由国家粮食行政管理部门统一监制，由省级以上粮食行政管理部门对监督检查人员进行培训，经考核合格后核发。其他部门在执行粮食监督检查任务时，也要出示有法定效力的监督检查证。

第六条　对粮食经营者违规行为的罚没收入应纳入预算管理并根据《罚没财物和追回赃款赃物管理办法》（〔86〕财预228号）、行政事业性收费和罚没收入"收支两条线"管理规定及财政国库管理制度改革的有关要求上缴国库。任何单位和个人不得挤占、截留、挪用。粮食流通监督检查所需经费按有关规定和程序申请、管理和使用。

第二章　监督检查的内容

第七条　粮食行政管理部门依照法律、行政法规规定的职责，对粮食经营活动进行监督检查。内容包括：

（一）粮食收购者是否具备粮食收购资格，在其从事的粮食收购活动中是否执行了国家有关法律、法规、规章及粮食收购政策。

（二）粮食经营者使用的粮食仓储设施、设备是否符合有关标准和技术规范。

（三）粮食经营者在粮食收购、储存活动中，是否按规定执行了国家粮食质量标准和国家有关粮食仓储的技术标准和规范，其收购、储存的原粮是否符合国家有关标准和规定。

（四）粮食经营者是否执行了国家粮食运输的技术标准和规范。

（五）粮食储存企业是否建立并执行了粮食销售出库质量检验制度。

（六）从事粮食收购、加工、销售的经营者是否执行了省级人民政府制定的最低和最高库存量的规定。

（七）粮食经营者是否执行了国家陈化粮销售处理有关规定。

（八）地方储备粮经营管理机构及地方储备粮承储企业是否执行地方储备粮管理有关政策和规定；地方储备粮的数量、质量、储存安全以及轮换计划执行情况，各项规章制度、标准与规范执行情况，以及地方储备粮承储企业的承储资格情况。

（九）从事军粮供应、退耕还林粮食供应、水库移民粮食供应、救灾粮供应等政策性用粮经营活动的粮食经营者是否执行了有关法律、法规、规章和政策。

（十）粮食经营者是否建立了粮食经营台账，是否执行了国家粮食流通统计制度。

（十一）粮食经营者是否依照粮食应急预案规定，承担了相应义务，执行了相关规定。

（十二）法律、法规、规章和政策规定需要进行监督检查的其他内容。

第八条 产品质量监督部门依照有关法律、行政法规的规定，对粮食加工活动中掺杂、掺假、以假充真、以次充好、以不合格产品冒充合格产品、无食品生产许可证进行加工销售等违法行为进行查处。并负责对粮食加工环节中的产品质量进行监督检查。

承担粮食质量监督检验的机构应依照《中华人民共和国产品质量法》等法律、行政法规的有关规定，依法设置并取得授权。承担粮食质量检验鉴定的机构应依照《中华人民共和国认证认可条例》的有关规定，在取得国家认证认可监督管理部门资质认定的基础上，由国家粮食行政管理部门指定。

第九条 工商行政管理部门依照有关法律、行政法规的规定，对粮食经营活动中的无照经营、超范围经营以及粮食销售活动中的囤积居奇、欺行霸市、强买强卖、掺杂使假、以次充好等扰乱市场秩序和违法违规交易行为进行查处。

第十条 卫生部门依照有关法律、行政法规的规定，负责粮食加工、销售单位的卫生许可及与许可相关的监督检查，对成品粮储存中造成腐败变质、被有毒有害物质污染、使用未经批准使用的食品添加剂或添加剂超过允许限量等危害群众健康的行为进行监督检查。

第十一条 价格主管部门依照有关法律、行政法规的规定，对粮食经营者未按照规定告知、公示粮食收购价格，或采取压级压价、哄抬价格、价格欺诈、垄断或者操纵价格，或不按照规定执行最低收购价，不执行价格干预措施和紧急措施等价格违法行为进行监督检查。

第十二条 上级监督检查部门依法对下级部门的监督检查行为进行监督。

第十三条 任何单位和个人有权对违反本办法规定的行为向有关部门检举。有关部门应当为检举人保密，并依法及时处理。

第三章 监督检查的工作程序

第十四条 粮食流通监督检查可以采取定期监督检查、专项监督检查、抽查和专案调查等方式进行。

第十五条 粮食流通监督检查按下列程序进行：

（一）确定监督检查的对象、内容和工作方案。

（二）组织实施监督检查。

（三）提出监督检查报告，内容应包括：被检查对象名称、检查日期、检查的原因、项目、发现的主要问题、处理意见等。

（四）发现违法行为，应立案，依照规定程序组织调查。

（五）对违反粮食流通法律、法规、规章和政策的粮食经营者依法提出处理意见、建议或处罚决定。需要移交的，依照职能分工移交有关司法机关、部门、单位处理。

（六）将监督检查结果、处理意见或建议通知被检查对象；需要进行处罚的，执行处罚决定；被检查对象对监督检查结果或处理意见有异议的，可依法申请行政复议或依法向人民法院提起诉讼，但行政处罚不停止执行，法律另有规定的除外。

（七）跟踪监督处理意见、建议、决定的执行情况。

（八）将监督检查报告及相关资料归档。

第十六条　粮食行政管理部门在监督检查过程中，可以行使以下职权：

（一）对粮食收购者的收购资格进行核查。

（二）进入粮食经营者经营场所检查粮食的库存量和收购、储存活动中的粮食质量以及原粮卫生。

（三）检查粮食仓储设施、设备是否符合国家有关标准和技术规范。

（四）查阅粮食经营者有关资料、凭证。

（五）向有关单位和人员调查了解相关情况。

（六）法律、法规规定的其他职权。

第十七条　粮食流通监督检查人员在履行监督检查职责时，应不少于两人，对发现的问题应当做出书面记录，并由监督检查人员和被检查对象签字或盖章。被检查对象拒绝签字或盖章的，监督检查人员应当将其拒绝签字或盖章的行为和理由记录备查；被检查对象不在场的，由见证人签字或盖章。

粮食流通监督检查人员在履行监督检查职责时应严格遵守国家有关法律法规，促进粮食经营者的正常经营活动。

第十八条　被检查对象对粮食流通监督检查人员依法履行职责，应当予以配合。任何单位和个人不得拒绝、阻挠、干涉粮食流通监督检查人员依法履行监督检查职责。

第四章　罚　则

第十九条　按规定应获得粮食行政管理部门许可而未获得许可或者未在工商行政管理部门登记擅自从事粮食收购活动的，由工商行政管理部门没收非法收购的粮食；情节严重的，并处非法收购粮食价值 1 倍以上 5 倍以下的罚款；构成犯罪的，依法追究刑事责任。

由粮食行政管理部门查出的，移交工商行政管理部门依照前款规定予以处罚。

第二十条 以欺骗、贿赂等不正当手段取得粮食收购资格许可的，由粮食行政管理部门取消粮食收购资格；工商行政管理部门依法吊销营业执照，没收违法所得；构成犯罪的，依法追究刑事责任。

粮食收购者有涂改、倒卖、出租、出借《粮食收购许可证》行为的，粮食行政管理部门应当依法给予行政处罚；构成犯罪的，依法追究刑事责任。

粮食行政管理部门工作人员办理粮食收购资格许可，索取或者收受他人财物或者谋取其他利益，依法给予行政处分；构成犯罪的，依法追究刑事责任。

第二十一条 对粮食流通中的价格违法行为，由价格主管部门依照有关法律、行政法规的规定给予处罚。

第二十二条 粮食收购者未执行国家粮食质量标准的，由粮食行政管理部门责令改正，予以警告；警告后仍不改正，并造成农民或其他粮食生产者的利益受到损害的，可以处 10 万元以下的罚款；违规数量较大的，可处 10 万元以上 20 万元以下罚款。情节严重的，由粮食行政管理部门取消粮食收购资格。

第二十三条 粮食收购者未及时向售粮者支付售粮款，经售粮者举报并查实的，由粮食行政管理部门责令改正，予以警告；欠付 1 个月以上 2 个月以下的，可以并处 5 万元以下的罚款；欠付 2 个月以上 3 个月以下的，可以并处 5 万元以上 10 万元以下的罚款；欠付 3 个月以上的，可以并处 10 万元以上 20 万元以下的罚款。情节严重的，并暂停或取消粮食收购资格。

第二十四条 粮食收购者违反规定代扣、代缴税、费和其他款项的，由粮食行政管理部门责令改正，予以警告，可以并处 20 万元以下的罚款。情节严重的，并由粮食行政管理部门暂停或取消粮食收购资格。

第二十五条 从事粮食收购、销售、储存、加工的经营者以及饲料、工业用粮企业有下列情形的，由粮食行政管理部门给予相应处罚：

（一）未建立粮食经营台账或粮食经营台账保留时间不足 3 年的，由粮食行政管理部门责令改正，予以警告，可以并处 5 万元以下的罚款。

（二）未依照规定报送粮食经营基本数据和有关情况的，由粮食行政管理部门责令改正，予以警告，可以并处 2 万元以下的罚款；蓄意虚报、瞒报、拒报粮食基本数据和有关情况、弄虚作假的，由粮食行政管理部门处 2 万元以上 5 万元以下的罚款。

上述行为情节严重的，对从事粮食收购的经营者暂停或者取消粮食收购资格。

第二十六条 接受委托从事政策性用粮购销活动的粮食经营者未执行国家有关政策的，由粮食行政管理部门责令改正，予以警告，可以处 20 万元以下的罚款；情节严重的，由粮食行政管理部门向委托单位建议取消该粮食经营者从事政策性用粮的委托业务，对从事粮食收购的经营者暂停或者取消粮食收购资格。

第二十七条 对超过正常储存年限的陈粮，出库前未按规定经有资质的粮食质量检验机构进行质量鉴定的，由粮食行政管理部门责令改正，给予警告；经警告仍不改正的，处出库粮食价值1倍以上2倍以下的罚款；发现出库未经检验的粮食中有陈化粮的，处出库粮食价值2倍以上3倍以下的罚款；明知是陈化粮仍未按陈化粮销售处理有关规定出库的，处出库粮食价值3倍以上5倍以下的罚款。对粮食经营者罚款的同时，工商行政管理部门可以吊销营业执照。

倒卖陈化粮或者不依照规定使用陈化粮的，由工商行政管理部门没收非法倒卖的粮食，并处非法倒卖粮食价值20%以下的罚款，有陈化粮购买资格的，由省级人民政府粮食行政管理部门取消陈化粮购买资格；情节严重的，由工商行政管理部门并处非法倒卖粮食价值1倍以上5倍以下的罚款，吊销营业执照；构成犯罪的，依法追究刑事责任。

第二十八条 粮食经营者违反省、自治区、直辖市人民政府规定的最低库存量的，由粮食行政管理部门责令改正，给予警告。情节严重的，处不足部分粮食价值1倍以上5倍以下的罚款，并可以取消粮食收购资格，工商行政管理部门可以吊销营业执照。

粮食经营者违反省、自治区、直辖市人民政府规定的最高粮食库存量的，由粮食行政管理部门责令改正，给予警告。情节严重的，处超出部分粮食价值1倍以上5倍以下的罚款，并可以取消粮食收购资格，工商行政管理部门可以吊销营业执照。

第二十九条 粮食经营者未依照《粮食流通管理条例》规定使用粮食仓储设施、运输工具的，由粮食行政管理部门或者卫生部门责令改正，给予警告；被污染的粮食不得非法加工、销售。非法销售、加工被污染粮食的，由有关部门依法查处。

第三十条 违反《粮食流通管理条例》第十七条、第十八条规定的，由产品质量监督部门、工商行政管理部门、卫生部门等依照有关法律、行政法规的规定予以处罚。

第三十一条 发现监督检查部门有违反粮食流通法律、法规、规章以及政策规定的，由本级人民政府或者上级主管部门责令改正，对有关责任人员依法给予行政处分；构成犯罪的，依法追究刑事责任。监督检查人员违反本办法规定，非法干预粮食经营者正常经营活动的，依法给予行政处分；构成犯罪的，依法追究刑事责任。

第三十二条 违反《粮食流通管理条例》规定，阻碍粮食自由流通的，依照《国务院关于禁止在市场经济活动中实行地区封锁的规定》予以处罚。

第三十三条 粮食经营者在粮食应急预案启动后不履行有关义务的，依照国家有关规定处理。

第五章 附 则

第三十四条 本办法中涉及"以上"的含本数、涉及"以下"的不含本数。涉及粮食价值的，已达成交易的按交易价计算，其他按库存成本价计算。

第三十五条 对大豆、油料和食用植物油的收购、销售、储存、运输、加工等经营活动的监督检查，适用本办法除第十九条、第二十条以外的规定。

第三十六条 粮食正常储存年限依照国家统一规定执行。

第三十七条 粮食进出口的监督检查，依照有关法律、行政法规的规定执行。

第三十八条 对中央储备粮的监督检查，依照《中央储备粮管理条例》的有关规定执行。

第三十九条 省、自治区、直辖市粮食流通监督检查有关部门可依照本办法，结合本地实际情况制定本办法的实施细则，并报上级主管部门备案。

第四十条 对监督检查中模范执行国家粮食法律、法规、政策，做出突出成绩的执法单位或个人给予表扬或表彰。

第四十一条 本办法由国家粮食行政管理部门会同国家工商行政管理、质检、卫生、价格、财政部门负责解释。

第四十二条 本办法自 2005 年 1 月 1 日起施行。

粮食商品流通统计基础
工作规范化暂行规定

部发〔92〕综粮字第72号

（1992年2月15日商业部发布）

第一章 总 则

第一条 为了认真贯彻《粮食商品流通统计工作管理试行办法》、《粮食统计监督检查暂行规定》和《粮食油脂商品流通统计制度》（简称《统计制度》），加快实现粮食统计基础工作规范化，制定本规定。

第二条 本规定所称粮食统计基础工作规范化，具体包括：健全基层粮食企业统计机构，充实统计人员，实行统计工作责任制；建立健全原始记录和统计台帐制度、统计报表管理制度、统计资料管理制度；严格执行统计法规和统计制度；实现统计数据处理现代化；发挥统计的信息、咨询和监督职能。

第三条 本规定适用于各级粮食行政管理部门所属全民所有制（包括全民所有制集体经营）企业。

第二章 基层粮食统计机构和统计人员

第四条 各级粮食行政管理部门所属企业，都应根据统计工作任务需要，设立统计机构（科、股、组、室等），配备专职或以统计工作为主的兼职统计人员。

第五条　基层粮食企业领导应当关心、重视统计工作，必须有一名领导分管统计工作，履行《统计法》规定的领导责任，经常指导、检查监督本单位的粮食统计工作，保证统计人员独立行使其合法职权。

第六条　基层粮食企业领导要吸收统计人员参加企业经营管理有关会议，让统计人员学习、领会有关文件精神，发挥统计的信息、咨询和监督作用。

第七条　基层粮食企业领导要为统计机构和统计人员开展统计工作创造必要的条件，要关心统计人员的学习、工作和生活情况。统计人员按规定评定技术职称，并享受同等职称待遇。

第八条　要经常组织企业收款员、付款员、验质过磅员、制票员、保管员、票证员等有关业务人员学习《统计制度》和有关统计知识，以保证准确填制原始记录。

第九条　基层统计机构和统计人员职责：

（一）认真执行原始记录制度和统计台帐制度，搜集、整理本业务环节的各项原始记录、统计台帐，全面、准确、及时上报各种统计报表；

（二）搜集、整理、管理和提供本单位的粮食、油脂商品流通统计资料；

（三）开展调查研究，编写统计分析、统计预测报告，参与企业的生产经营决策，为企业经营管理、提高经济效益提供统计咨询，实施统计监督；

（四）完成国家统计调查、部门统计调查和地方统计调查任务。

第十条　新增统计人员，必须具有高中或高中以上文化程度，并经过统计专业知识培训，考试合格者方可上岗。

第十一条 要重视基层统计人员素质培养，定期或不定期组织统计人员的业务学习和岗位培训。对不具备统计专业知识的统计人员，要通过各种形式，组织学习和培训，以达到中等专业知识或中等专业以上水平。

第十二条 保持统计人员的相对稳定，调动统计人员要事先经统计负责人同意。调动统计负责人及具有中级以上专业职务的统计人员要事先经上级主管统计机构同意。

第十三条 基层粮食企业要建立主管统计工作领导责任制、统计负责人责任制、统计人员岗位责任制、统计工作管理制度和统计工作竞赛评比奖惩制度。

第三章　原始记录和统计台帐制度

第十四条 基层粮食企业原始记录要全面反映本单位粮油商品流通活动情况，满足粮食业务工作需要和统计、会计、业务核算的需要。粮油原始记录的格式、联次、传递程序，可以由县或地（市）或省粮食行政管理部门统一制定，统一规格印刷，做到简化实用。

第十五条 原始记录应包括粮油平价、议价购、销、调、存、加工各业务环节的原始凭证及其结报单、汇总单，主要有：粮油收购原始凭证，粮油销售原始凭证，粮油调拨原始凭证，粮油库存原始凭证，粮油加工原始凭证，粮油损耗、溢余原始凭证，粮油平、议互换、互转原始凭证，其他原始凭证，以及相应的结报单、汇总单。

第十六条 各种原始凭证必须统一编号，统一管理。要填明日期、品种、数量、金额、地名、性质、对象，以及记录员、审核员签字（盖章），做到原始凭证齐全、填写及时、计量准确、记录真实、字迹清晰。

第十七条 统计台帐应按照粮油性质、品种、地区、来源、对象、单位、流向等建立，包括：粮油收购台帐、粮油销售台帐、粮油调拨台帐、粮油库存台帐、粮油购、销、调、存总值台帐和兼营商品总值等台帐。

第十八条 各种统计台帐必须格式统一、指标齐全、口径一致、登记完整、数字准确、查询方便，能满足编制统计报表和企业经营管理的需要。

第十九条 各种原始凭证、统计台帐一律使用国家公布的法定计量单位。

第二十条 平价、议价粮食经营活动应分别设置原始凭证和统计台帐，严格区分使用。

第四章 基层统计报表管理

第二十一条 各基层粮食企业应严格按照《统计制度》规定，准确、及时上报各种统计报表。

第二十二条 各种统计报表编制，要根据原始记录资料，严格按照《统计制度》规定的报表格式、指标涵义、计算方法、统计范围、计量单位、报送时间和报送方法等统计口径填报，不得擅自更改。

第二十三条 要建立统计资料审核制度，包括对原始凭证、统计台帐的审核，编制统计报表的审核，统计报表上报前、上报后的审核，做到表表衔接、表实相符。报送统计报表必须有统计负责人、制表人印章，同时加盖报出单位公章，写明报出日期。

第二十四条　统计报表报出后，发现有误，应按照统计报表订正制度规定，及时向报送单位订正，并说明原因。

第五章　基层统计资料管理

第二十五条　粮食基层企业要建立严格的统计资料管理制度，实现统计资料档案化。要系统整理年度资料和各个时期的历史资料。各种原始记录、统计台帐、统计报表、统计分析材料等，要定期整理，按照时间顺序、资料类别、保管期限（永久、长期、短期）装订成册，编号立卷存档，妥善保管。做到收集齐全、装订规范、保管统一、查阅方便。实行计算机数据管理的基层企业，要将数据库中的统计资料做出备份。

第二十六条　统计人员必须自觉地遵守国家保密制度。凡属于规定密级范围内的统计资料，必须按保密制度规定的方法报送和管理。对外提供统计资料，要执行《统计法》和国家有关保密规定。

第二十七条　本单位机构调整或统计人员变动，要按有关规定办理统计资料交接手续，做到不散、不断、不乱。

第二十八条　需要长期和永久保管的统计资料，应当移交本单位档案管理部门。超过保管期限的统计资料档案需要销毁时，应当严格按照有关规定处理。

第六章　完善基层粮食统计工作的整体功能

第二十九条　基层粮食企业统计人员要积极参与企业经营

管理，经常深入粮食商品流通各业务环节调查研究，开展统计分析和统计预测，为改善企业经营管理、提高经济效益提供决策支持，发挥统计工作的信息、咨询和监督职能。

第三十条 基层粮食企业要建立统计数据质量检查制度，健全严格的统计数据质量控制办法，定期或不定期进行统计数据质量检查。

第三十一条 统计数据质量检查内容主要包括：

（一）统计原始记录、统计台帐是否统一、健全、规范，各项统计数字来源是否有根有据，统计与会计、业务、保管等部门的相关数字是否一致，表表、表实是否相符。年、季、月统计报表总差错率应控制在2‰以内；

（二）各种统计报表是否按照《统计制度》规定填报，有无虚报、瞒报、漏报；

（三）统计法规、《统计制度》、国家粮食方针、政策贯彻执行情况；

（四）粮食计划执行情况。

第三十二条 统计数据质量检查方法，分为自查、互查、抽查、普查。以定期自查为主，自查与互查相结合，全面检查与重点检查、专项检查相结合，自查与上级检查相结合。对检查中发现的问题，应及时研究解决，完善规章制度。检查结束后，应向上级主管统计机构提交质量检查报告。

第三十三条 统计计算手段要逐步实现现代化。基层粮食企业要有计划地购置现代化计算工具，为运用微机采集、加工、整理、分析、传输、储存和反馈统计信息创造条件。

第三十四条 配置、使用计算机的企业，要制订使用计算机的操作守则，计算机及其附属设备的使用、维护制度，机房工作制度等，使计算机管理工作有章可循，最大限度地发挥计算机应用效益。

第七章　附　则

第三十五条　本规定由商业部粮食综合司负责解释。

第三十六条　本规定自发布之日起施行。

国务院关于完善粮食流通
体制改革政策措施的意见

国发〔2006〕16号

各省、自治区、直辖市人民政府，国务院各部委、各直属机构：

2004年以来，各地区、各部门认真贯彻落实《国务院关于进一步深化粮食流通体制改革的意见》（国发〔2004〕17号）精神，积极稳妥地推进粮食流通体制改革，取得了明显成效。当前，粮食流通体制改革已进入关键时期，为妥善解决改革中出现的新问题，以科学发展观为统领，坚持中央确定的粮食流通体制改革总体目标和基本思路，进一步完善政策措施，健全体制机制，加大改革力度，确保粮食流通体制改革的顺利推进，现提出以下意见：

一、加快推进国有粮食购销企业改革，切实转换企业经营机制

（一）切实使国有粮食购销企业真正成为市场主体

各级粮食行政管理部门要依法加强对全社会粮食市场主体的指导、监督、检查和服务，不得直接干预企业的日常经营活动。国有独资和国有控股粮食购销企业要实行自主经营、自负盈亏。进一步规范政府调控与企业经营之间的关系，政府可根据粮食宏观调控的需要，委托具备资质的粮食购销企业承担相关政策性业务，并按确定的标准给予补贴。继续发挥国有粮食

购销企业的主渠道作用，增强政府对粮食市场的调控能力。

（二）加快国有粮食购销企业组织结构创新

在粮食主产区的产粮大县，可以现有国有粮食购销企业为基础，通过改制重组，因地制宜地组建国有独资或国有控股的公司制粮食购销企业。在非粮食主产区和主产区的非产粮大县，也要保留必要的国有独资或国有控股的粮食购销企业。支持国有粮食购销企业进行跨行业、跨地区、跨所有制的资产重组，鼓励各种资本参与企业改组改造，以资产为纽带，逐步培育若干个大型粮食企业集团。对小型国有粮食购销企业，可以通过改组联合、股份合作、资产重组、授权经营等多种形式放开搞活。

（三）规范国有粮食购销企业产权制度改革

各地在推进国有粮食购销企业产权制度改革过程中，要按照国家所有、分级管理、授权经营、分工监督的原则，积极探索国有资产经营和监管的有效形式，明确国有资产出资人职责，实现国有资产的保值增值，防止国有资产流失。改制后的国有独资、国有控股粮食购销企业要依据《中华人民共和国公司法》建立法人治理结构，按照现代企业制度的要求实行规范运作。农业发展银行要会同有关部门研究制订促进国有粮食购销企业产权制度改革的信贷管理措施。

（四）大力发展粮食产业化经营

积极培育粮食产业化龙头企业，加快以粮食购销、加工企业为龙头的粮食产业化体系建设，鼓励和发展粮食订单生产、订单收购，引导企业与农民建立利益共享、风险共担的合作机制。加大对国有粮食企业、大型粮食加工企业和其他多元化龙头企业的扶持力度，支持企业发展粮食精深加工，延长产业链，增加产品附加值。对以粮油为主要原料的加工企业，特别是骨干龙头企业，各级人民政府要给予重点扶持。

（五）研究建立新型粮食仓储管理机制

加快制（修）订适应新形势的粮食仓储管理办法、粮食储存标准和粮食卫生标准。加强粮食储藏技术的研究和推广，提升粮食仓储企业的核心竞争力，降低粮食的数量、品质损失，保证库存粮食安全。结合粮食企业改革和人员分流安置，鼓励国有粮食购销企业利用现有的仓储设施和技术力量向社会提供粮食仓储和技术服务，国家在政策、资金、税收上给予适当支持。加强对农民储存粮食的技术指导，降低粮食产后损失。

（六）做好粮食收购资金贷款发放和管理工作

农业发展银行要继续发挥政策性银行的职能，积极支持粮食产业发展。对中央和地方储备粮所需信贷资金，要按计划保证供应；对粮食企业受政府委托收购粮食以及启动最低收购价执行预案收购粮食所需的信贷资金，在落实收购粮食的费用、利息和可能出现的价差亏损补贴来源的前提下，应及时足额发放。按照企业风险承受能力，积极支持各类具有收购资质的粮食企业入市收购，加大对粮食产业化龙头企业、精深加工和转化企业、工商联营企业及其他粮食企业、粮食生产基地和粮食市场建设等贷款扶持力度。

二、加快清理和剥离国有粮食企业财务挂账，妥善解决企业历史包袱

（七）认真做好粮食财务挂账的清理、审计和剥离工作

要按照国家有关规定，抓紧将国有粮食购销企业政策性粮食财务挂账剥离到县以上粮食行政管理部门集中管理，为企业

发挥主渠道作用和推进产权制度改革创造条件。对经清理、审计的企业经营性亏损挂账，按照债务与资产一并划转和防止逃废银行债务的原则，结合推进国有粮食企业改革，实行有效管理，因地制宜地逐步消化或依法处置，有关部门要尽快制订具体实施办法。审计、财政、发展改革、粮食、农业发展银行等部门和单位要组成联合督查组，加强对各地粮食财务挂账清理、审计和剥离工作的检查、指导。

（八）继续做好国有粮食购销企业分流职工再就业和社会保障工作

按照省级人民政府统筹考虑和多渠道筹集的原则，切实解决好国有粮食购销企业分流安置职工和离退休人员所需资金。对国有粮食购销企业分流安置职工、依法解除劳动关系等所需资金，地方各级人民政府要按规定给予适当补助；同时，继续在中央批准的限额内从粮食风险基金中专项安排一部分资金，用于企业分流安置职工。粮食企业依法出售自有产权公房、建筑物收入和处置企业使用的划拨土地的收入，优先留给企业用于缴纳社会保险费和安置职工。国有粮食企业要改善经营，加强管理，增加盈利，做好自筹资金工作。

地方各级人民政府要按规定将国有粮食企业分流职工纳入当地再就业规划和社会保障体系，并对符合条件的分流人员核发《再就业优惠证》，落实小额担保贷款、税收减免等再就业扶持政策。做好企业解除劳动合同人员的档案移交和社会保险关系接续等工作，为其再就业创造良好条件。国有粮食企业要充分发挥现有购销网点和产业化经营的优势，开展多种形式的面向农民、方便居民的服务业务，努力增加就业岗位，为分流人员创造更多的再就业机会。

（九）认真做好现有库存中按保护价（含定购价）收购的高价位粮食的分步销售工作

对这部分粮食要继续实行"新老划断、分步销售"。对销售后发生的价差亏损和尚未销售粮食发生的利息以及必要的保管费用，继续按照有关政策规定办理。各省、自治区、直辖市人民政府要制订具体办法，根据市场情况把握节奏，按计划适时销售。要抓紧完成库存陈化粮的定向销售工作，坚决打击倒卖陈化粮的违法行为。

三、积极培育和规范粮食市场，加快建立全国统一开放、竞争有序的粮食市场体系

（十）继续培育、发展和规范多种粮食市场主体

鼓励各类具有资质的市场主体从事粮食收购和经营活动，培育农村粮食经纪人，开展公平竞争，活跃粮食流通。引导多元投资主体投资各类粮食交易市场、粮食物流设施以及高科技粮油加工企业。

（十一）健全粮食收购市场准入制度

继续做好粮食收购企业入市资格审核工作。对已经取得粮食收购资格的企业，粮食行政管理部门要加强指导、服务和监管，定期进行审核。

（十二）加强粮食市场监管执法

工商行政管理部门要加强对粮食市场以及市场开办者和粮食经营者的监管，严厉打击违法收购、囤积居奇、欺行霸市等各种违法经营行为，对粮食市场经营实行分类监管。粮食行政管理部门要加强对粮食质量的监管。质检、卫生部门要加强对

粮食加工和销售的质量管理、卫生检验检疫。各有关部门要密切配合,完善信息通报机制,形成管理合力,维护粮食交易秩序,保护粮食生产者、经营者和消费者的合法权益。

(十三) 完善粮食市场体系建设

做好粮食市场体系建设布局规划,规范市场交易规则,完善市场服务功能,引导企业入市交易。重点扶持大宗粮食品种的区域性、专业性和成品粮油批发市场,加快大中城市成品粮油交易市场建设。中央和地方储备粮的购销和轮换,原则上通过规范的粮食批发市场采取竞价交易方式进行,也可以通过国家规定的其他方式进行。大力推广电子商务等先进的交易方式和手段,增加交易的透明度,发挥引导粮食市场购销价格的作用。进一步完善和规范粮食期货交易,为企业和农民提供发现价格、规避风险的服务。

(十四) 加强粮食现代物流体系建设

加快实施全国粮食现代物流设施建设规划,以市场为导向,以企业为主体,以现代科技为支撑,通过各级人民政府的适当投资引导,重点建设从粮食主产区到主销区的跨省区粮食物流通道和物流节点,实现跨省区粮食物流主要通道的散装、散卸、散储、散运和整个流通环节的供应链管理,形成快捷高效、节省成本的现代化粮食物流体系。

四、加强粮食产销衔接,逐步建立产销区之间的利益协调机制

(十五) 大力发展长期稳定的粮食产销合作关系

按照"政府推动、部门协调、市场调节、企业运作"的原则,积极支持和鼓励产销区双方以经济利益为纽带,以市场为

导向，充分发挥各自的比较优势，形成多元化的合作格局，发展长期稳定的产销合作关系。鼓励主销区粮食工贸企业在主产区建设粮食生产和收购基地。鼓励主产区粮食企业在主销区粮食市场经销粮食，建立集收储、加工、销售为一体的粮食经营企业。

（十六）建立有利于产销区协作发展的支持体系

到主产区建设粮食生产、收购基地的企业，可享受农业产业化优惠政策。铁路、交通部门要优先安排履行产销合作协议的粮食运输。农业发展银行要对产销区之间开展购销协作提供贷款和更加便捷的跨省结算服务。

（十七）逐步建立产销区之间的利益协调机制

经济发达的粮食主销区要调整粮食风险基金的支出结构，将中央财政补贴的粮食风险基金专项用于粮食产销衔接的资金需要，支持主产区的粮食生产和流通。对主产区到主销区建立粮食储备、参与主销区粮食供应并具有一定经营规模的企业，主销区可给予适当的费用补贴。对到主产区建立粮食生产基地、参与主产区粮食生产和收购、将粮食运往主销区销售且具有一定经营规模的企业，主销区也可给予适当的费用补贴。

五、进一步加强和改善粮食宏观调控，确保国家粮食安全

（十八）健全粮食宏观调控体系

粮食宏观调控的目标是基本立足国内保障粮食供给，探索建立中长期粮食供求总量和品种结构基本平衡的长效机制。落实最严格的耕地保护制度，加强农业基础设施建设，提高粮食综合生产能力，充分发挥储备粮的调节作用和进出口粮食品种的调剂作用，确保国家粮食安全。有关部门要健全粮食监测预警系统，进一步完善粮食价格监测体系和粮食供求、质量、价

格信息发布制度，健全粮食应急机制。

（十九）完善粮食直接补贴和最低收购价政策

对种粮农民直接补贴和农业生产资料增支综合直补要坚持向产粮大县、产粮大户倾斜的政策。2006年，13个粮食主产省、自治区的粮食直接补贴资金，要全部达到本地区粮食风险基金总规模的50%以上。其他地区要根据本地实际，继续完善对种粮农民的直接补贴政策。国务院有关部门和有关省级人民政府要进一步完善粮食最低收购价政策的执行预案，健全最低收购价启动机制、补贴机制和监督机制。对不实行最低收购价的主要粮食品种，在出现供过于求、价格下跌较多时，政府要及时采取有效措施调节供求，防止出现农民"卖粮难"和"谷贱伤农"。有关部门要在实践中进一步探索保护农民利益和种粮积极性的政策措施。

（二十）进一步完善中央储备粮管理体系

要充分发挥中央储备粮在调节供求平衡、稳定粮食价格、保护农民利益、确保国家粮食安全等方面的重要作用，加快建立符合市场化改革要求的中央储备粮调控机制。国务院有关部门要继续加强对中央储备粮管理工作的指导和监督，完善中央储备粮的轮换和有关财务管理等方面的政策。对承储中央储备粮的代储企业实行资格认证，未取得承储资格的企业不得存储中央储备粮。中国储备粮管理总公司专职从事政策性业务，具体负责中央储备粮（含食油）的业务管理，对中央储备粮的总量、质量和储存安全负总责，除经营与储备粮油吞吐轮换直接相关的业务外，不从事其他商业经营活动。加强中央储备粮垂直管理体系建设，确保中央储备粮数量真实、质量良好，确保在国家需要时调得动、用得上。

（二十一）进一步充实地方粮食储备

要按照"产区保持 3 个月销量、销区保持 6 个月销量"的要求，核定和充实地方储备粮规模。粮食供给比较薄弱的产销平衡区，可比照销区确定地方储备粮规模。有关部门要积极指导和督促地方储备粮充实到位。地方储备粮要严格管理，及时轮换，确保质量合格、数量真实。改善储备粮布局和品种结构，大中城市要适当增加成品粮油储备。

（二十二）保证粮食供给和市场稳定

大中城市的地方人民政府应重点掌握或指定一部分粮食加工和批发、零售企业，服从成品粮油供应宏观调控的需要。稳定军粮供应渠道，继续做好军粮供应的服务工作。对粮食供应比较困难的山区、牧区、水库移民区、少数民族聚居地区和边疆地区，当地人民政府要保证粮食稳定供应。

六、加强粮食流通的监督检查，做好全社会粮食流通统计工作

（二十三）依法加强对全社会粮食流通的监管

各省、自治区、直辖市人民政府要按照《粮食流通管理条例》的规定，结合本地区实际，抓紧制订和出台粮食流通监管的相关配套办法。有关执法部门在各自职责范围内，依法加强对全社会粮食流通的监督检查，建立完善的粮食流通监督检查体系。

（二十四）切实做好全社会粮食流通统计工作

建立健全全社会粮食流通统计制度，不断改进统计调查方法和手段。统计和粮食行政管理部门要加强对粮食流通统计制

度执行情况的监督检查，督促各类粮食经营企业和用粮企业自觉执行粮食流通统计制度，履行向当地粮食行政管理部门报送粮食购销存等基本数据和情况的义务。

七、加强领导，确保粮食流通体制改革顺利推进

（二十五）全面落实粮食省长负责制

省级人民政府要在国家宏观调控下，切实对本地区的粮食生产、流通和安全负起责任，提高粮食综合生产能力，推进国有粮食购销企业改革，维护正常粮食流通秩序，保持市场粮食价格的基本稳定，保证市场粮食的有效供应。地方各级人民政府要负责本地区粮食的总量平衡和地方储备粮的管理，确保粮食风险基金地方配套部分及时到位。

（二十六）加强和充实粮食行政管理机构、人员

各级人民政府要根据管理全社会粮食流通、开展粮食行政执法和粮食流通统计工作的需要，核定并落实各级粮食行政管理部门或主管部门行政执法、监督检查、统计调查的职责、机构和人员，从 2006 年起将其工作经费纳入本级财政预算。

粮食流通体制改革关系到广大粮食生产者、消费者、经营者的利益，关系到国家的粮食安全，关系到社会主义市场经济体制的完善。各地区、各部门要按照全面落实科学发展观和建设社会主义新农村的要求，进一步统一思想，提高认识，加强领导，密切配合，确保各项政策措施的贯彻落实，把粮食流通体制改革不断推向深入。

国务院

二〇〇六年五月十三日

吉林省《粮食流通管理条例》实施办法

吉林省人民政府令
第 208 号

《吉林省〈粮食流通管理条例〉实施办法》已经 2009 年 9 月 23 日省政府第 12 次常务会议讨论通过，现予公布，自 2010 年 1 月 1 日起实施。

吉林省省长

二〇〇九年十一月二十五日

第一章 总 则

第一条 为了保护粮食生产者的积极性，维护经营者、消费者的合法权益，保障粮食安全，搞活粮食流通，维护粮食流通秩序，根据《粮食流通管理条例》，结合本省实际，制定本办法。

第二条 在本省行政区域内从事粮食收购、销售、储存、运输、加工、进出口等经营活动，应当遵守本办法。

前款所称粮食，是指玉米、稻谷、小麦、杂粮及其成品粮。

第三条 鼓励多种所有制市场主体从事粮食经营活动，促进公平竞争。严禁以非法手段阻碍粮食自由流通。

第四条 县级以上人民政府应当加强对粮食流通工作的领导，建立粮食流通行政执法联席会议制度，处理粮食流通行政执法中的重要问题。

第五条 县级以上人民政府粮食行政管理部门负责本行政区域内粮食流通的行政管理、行业指导，监督有关粮食流通的法律、法规、政策及各项规章制度的执行。

县级以上人民政府粮食行政管理部门可以委托所属的行政执法机构具体负责执法活动。

县级以上人民政府工商行政管理、财政、质量技术监督、卫生、价格等部门在各自职责范围内，负责与粮食流通有关的工作。

第二章 粮食经营

第六条 从事粮食收购活动的经营者，应当具备下列条件：

（一）拥有或者通过租借具有储存50吨以上粮食的场地；

（二）具有必要的检化验仪器、计量器具，有粮食质量检验和仓库保管专业知识的人员至少各一人；

（三）拥有5万元以上的自有资金。

年收购量低于50吨的个体工商户从事粮食收购活动，无须申请粮食收购资格。

第七条 取得粮食收购资格，并依照《中华人民共和国公司登记管理条例》等规定办理登记的经营者，方可从事粮食收购活动。

申请从事粮食收购活动，应当向办理工商登记部门同级的粮食行政管理部门提交书面申请。粮食行政管理部门应在办公场所公示粮食收购资格许可的依据、条件，申请和审核的程序及期限等有关信息，提供有关申请材料的示范文本。粮食行政管理部门应当自受理之日起15个工作日内完成审核，对符合本办法第六条规定的申请者作出许可决定并公示。

第八条　申请粮食收购资格许可，应当向粮食行政管理部门提交下列材料：

（一）法定代表人或负责人身份证复印件；

（二）营业执照或工商行政管理机关核发的《企业名称预先核准通知书》（仅限新设企业）复印件；

（三）场地证明；

（四）检化验仪器、计量器具和质量检验、保管人员专业知识证明；

（五）资信证明。

第九条　取得粮食行政管理部门粮食收购资格许可的，应当依法向工商行政管理部门办理设立登记，在经营范围中注明粮食收购；已在工商行政管理部门登记的，从事粮食收购活动也应当取得粮食行政管理部门的粮食收购资格许可，并依法向工商行政管理部门办理变更经营范围登记，在经营范围中注明粮食收购。

第十条　粮食收购资格许可有效期三年。

在粮食收购资格许可届满三十日前，继续从事粮食收购的经营者应当向作出许可的原粮食行政管理部门提出延续的申请。

第十一条　粮食收购资格许可证由省粮食行政管理部门按照国家粮食行政管理部门规定的格式统一印制。

办理粮食收购资格许可证不收取任何费用。

任何单位或者个人不得伪造、涂改、倒卖、出租、出借或者以其他形式非法转让粮食收购资格许可证。

第十二条 从事粮食收购活动的粮食经营者（以下简称粮食收购者）应当遵守下列规定：

（一）在粮食收购场所明示粮食收购资格许可证和工商营业执照；

（二）告知售粮者或者在收购场所公示收购粮食的品种、质量标准和价格；

（三）执行国家粮食质量标准，按质论价，不得损害农民和其他粮食生产者的利益；

（四）向售粮者出具粮食收购凭证，载明所收购粮食品种、质量等级、价格、数量和金额；

（五）及时向售粮者支付售粮款，不得拖欠；

（六）不得接受任何组织或者个人的委托代扣、代缴任何税、费和其他款项；

（七）跨行政区域收购粮食的经营者应当向收购地县级粮食行政管理部门备案，定期报告粮食收购数量、品种等情况；

（八）接受政府委托的从事政策性用粮购销活动的粮食收购者应当严格执行国家有关粮食收购政策。

第十三条 工商行政管理部门应当将粮食经营者注册、变更、注销、吊销等有关的登记信息提供给同级粮食行政管理部门。

第十四条 所有从事粮食收购、销售、储存、加工的经营者以及饲料、工业用粮企业，应当建立粮食经营台账，并向所在地的粮食行政管理部门报送粮食购进、销售、储存等基本数据和有关情况。粮食经营者保留粮食经营台账的期限不得少于 3 年。粮食经营者报送的基本数据和有关情况涉及商业秘密的，粮食行政管理部门负有保密义务。

第十五条 粮食行业协会以及中介组织应当加强行业自律，在维护粮食市场秩序方面发挥监督和协调作用。

第三章 质量管理

第十六条 县级以上人民政府粮食行政管理部门对粮食收购、储存活动中的粮食质量及原粮卫生实施监管。

第十七条 从事食用粮食加工的经营者，应当具有保证粮食质量和卫生必备的加工条件，不得有下列行为：

（一）使用发霉变质的原粮、副产品进行加工；

（二）违反规定使用添加剂及其他不利于人身健康的物质；

（三）使用不符合质量、卫生标准的包装材料；

（四）影响粮食质量、卫生的其他行为。

第十八条 运输粮食应当严格执行国家粮食运输的技术规范，不得使用被污染的运输工具或者包装材料。

第十九条 实行粮食入库和出库质量检验制度。

从事粮食收购、储存的经营者应当按照国家粮食质量标准对入库粮食进行质量检验。

在粮食销售出库时，应当出具质量检验报告。正常储存年限内的粮食销售出库，可以由经营者自行检验并出具检验报告。超过正常储存年限的陈粮出库前，应当经过有资质的粮食质量检验机构进行质量检验。

第二十条 成品粮经营者应当承担粮食质量安全的责任。

成品粮经营者对经营的成品粮应当有质量检验报告；无质量检验报告的，要经有资质的粮食质量检验机构检验；经检验合格后，持检验报告方可销售，并向购买方提供检验报告。

有资质的粮食质量检验机构应当按规定出具成品粮质量检验报告，并对检验结果负责。

第二十一条 县级以上人民政府粮食行政管理部门应当建立粮食质量和原粮卫生的抽查、监测制度，并可通过媒体向社会定期公布粮食质量和原粮卫生抽查、监测结果。

第四章　宏观调控

第二十二条 建立省级粮食储备制度。省级储备粮是指省人民政府储备的用于调节全省粮食供求总量，稳定粮食市场，以及应对重大自然灾害或者其他突发事件等情况的粮食和食用油。

根据全省粮食宏观调控需要，由省发展改革、财政和粮食行政管理部门提出省级储备粮规模、品种结构及动用的意见，报省政府批准后实施。

省级储备粮实行垂直管理体制，省级储备粮管理有限公司由省粮食行政管理部门管理，具体负责省级储备粮的经营管理。确保数量真实、质量良好和储存安全，发挥安全保障作用。

省粮食行政管理部门对省级储备粮的数量、质量和储存安全实施监督检查。各市（州）、县（市、区）人民政府和有关部门应当对省级储备粮管理给予支持和协助。

企业代储省级储备粮资格认定按照省粮食行政管理部门的规定执行。财政补贴参照中央储备粮补贴办法执行。

第二十三条 当粮食供求关系发生重大变化或粮价涨幅过大时，为保证粮食供应市场稳定，省政府可按照《中华人民共和国价格法》的规定采取价格干预措施。

第二十四条 在粮食供求基本平衡、价格基本稳定时，从事粮食收购、加工、销售的经营者应当保持必要的粮食库存量。

在粮食市场供过于求，价格下跌较多时，从事粮食收购、加工、销售的经营者履行不低于最低库存量的义务；在粮食市场供不应求，价格上涨较多时，从事粮食收购、加工、销售的经营者履行不高于最高库存量的义务。

最低库存量和最高库存量的具体标准由省粮食行政管理部门另行制定，报省政府批准后实施。

从事粮食收购、加工、销售的经营者承担的中央和地方储备等政策性业务，不纳入必要库存和最低、最高库存量标准核定的范围。

第二十五条 县级以上人民政府应当建立健全突发事件的粮食应急预案。下级人民政府制定的粮食应急预案应当报上一级人民政府备案。

因重大自然灾害、重大疫情或者其他突发事件引起粮食市场供求异常波动时，县级以上人民政府应当启动粮食应急预案。

粮食应急预案启动后，所有粮食经营者应当承担应急任务，服从调度，确保粮食应急预案的实施。

第二十六条 县级以上人民政府粮食行政管理部门应当结

合实际，制定粮食市场体系建设规划，加强粮食收购市场、粮食零售市场、粮食批发市场建设。

粮食批发市场建设应当符合粮食市场体系建设规划。粮食批发市场以及兼营成品粮批发和零售的综合性批发市场、城乡集贸市场、大型超市的开办者和经营者应当接受粮食、工商行政管理、质量技术监督、农业等部门的监督检查；对发生粮食质量安全事故的，应当承担相应责任。

政策性用粮、储备粮的采购、销售和轮换，原则上通过粮食批发市场公开进行，也可以通过国家规定的其他方式进行。

第五章 监督检查

第二十七条 粮食行政管理部门依照法律、行政法规规定的职责，对粮食经营活动进行监督检查。具体内容包括：

（一）粮食收购者的粮食收购资格，及其在粮食收购活动中执行国家有关法律、法规、规章和粮食收购政策情况。

（二）粮食经营者使用的粮食仓储设施、设备的质量和标准情况。

（三）粮食经营者在粮食收购、储存活动中，执行国家粮食质量标准和国家有关粮食仓储技术标准、规范情况，其收购、储存的原粮是否符合国家有关标准和规定。

（四）粮食经营者执行国家粮食运输技术标准和规范情况。

（五）粮食储存企业建立并执行粮食销售出库质量检验制度情况。

（六）从事粮食收购、加工、销售的经营者执行省级人民政府制定的最低和最高库存量规定的情况。

（七）地方储备粮经营管理机构及地方储备粮承储企业执行地方储备粮管理有关政策和规定情况；地方储备粮的数量、质量、储存安全以及轮换计划执行情况；各项规章制度、标准与规范执行情况，以及地方储备粮承储企业的承储资格情况。

（八）从事军粮供应、退耕还林粮食供应、救灾粮供应等政策性用粮经营活动的粮食经营者执行有关法律、法规、规章和政策情况。

（九）粮食经营者建立粮食经营台账，执行国家粮食流通统计制度情况。

（十）粮食经营者依照粮食应急预案规定，承担相应义务，执行相关规定情况。

（十一）法律、法规、规章和政策规定需要进行监督检查的其他内容。

第二十八条 粮食行政管理部门在监督检查过程中行使以下职权：

（一）对粮食收购者的收购资格进行核查；

（二）进入粮食经营者经营场所检查粮食的库存量和收购、储存活动中的粮食质量以及原粮卫生；

（三）检查粮食仓储设施、设备是否符合国家有关标准和技术规范；

（四）查阅粮食经营者有关资料、凭证；

（五）向有关单位和人员调查了解相关情况；

（六）法律、法规规定的其他职权。

第二十九条 粮食流通监督检查可以采取定期监督检查、专项监督检查、抽查和专案调查等方式。

第三十条 质量技术监督部门依照有关法律、行政法规的规定，对粮食加工活动中掺杂、掺假、以假充真、以次充好、以不合格产品冒充合格产品、无食品生产许可证进行加工销售等违法行为进行查处。并负责对粮食加工环节中的产品质量进行监督检查。

第三十一条 工商行政管理部门依照有关法律、行政法规的规定，对粮食经营活动中的无照经营、超范围经营以及粮食销售活动中的囤积居奇、欺行霸市、强买强卖、掺杂使假、以次充好等扰乱市场秩序和违法违规交易行为监督检查。

第三十二条 卫生部门依照有关法律、行政法规的规定，负责粮食加工、销售单位的卫生许可及与许可相关的监督检查，对成品粮储存中造成腐败变质、被有毒有害物质污染、使用未经批准使用的食品添加剂或添加剂超过允许限量等危害群众健康的行为进行监督检查。

第三十三条 价格主管部门依照有关法律、行政法规的规定，对粮食经营者未按照规定告知、公示粮食收购价格，或采取压级压价，哄抬价格、价格欺诈、垄断或者操纵价格，或不按照规定执行最低收购价，不执行价格干预措施和紧急措施等价格违法行为进行监督检查。

第三十四条 被检查对象对粮食流通监督检查人员依法履行职责，应当予以配合。任何单位和个人不得拒绝、阻挠、干涉粮食流通监督检查人员依法履行监督检查职责。

第六章 法律责任

第三十五条 伪造、涂改、倒卖、出租、出借或者以其他形式非法转让粮食收购资格许可证的，由粮食行政管理部门责令改正，予以警告；情节严重的，处 2000 元以上 1 万元以下罚款；构成犯罪的，依法追究刑事责任。

第三十六条　未在粮食收购场所明示粮食收购资格许可证、工商营业执照或者未向售粮者出具粮食收购凭证，由粮食行政管理部门责令改正，予以警告；逾期不改正的，处 1000 元以上 5000 元以下罚款。

第三十七条　成品粮经营者对经营的成品粮没有质量检验报告的，由工商行政管理部门责令改正，给予警告；情节严重的，处 1000 元以上 5000 元以下罚款。

第三十八条　以暴力、威胁等方法拒绝、阻挠、干涉粮食流通监督检查人员依法履行职责的，由公安机关依照《中华人民共和国治安管理处罚法》的规定予以处罚。

第三十九条　违反本办法规定，各级人民政府、粮食行政管理部门和其他有关部门有下列行为之一的，对直接负责的主管人员和其他直接责任人员，依法给予行政处分；构成犯罪的，依法追究刑事责任：

（一）粮食行政管理部门工作人员对符合条件的粮食收购者不按规定颁发或给不符合条件的粮食收购者颁发收购资格许可的，以及在办理收购资格许可过程中索取、收受他人财物、谋取其他利益的；

（二）未按照规定编制粮食应急预案，或者未按照粮食应急预案的要求采取措施、履行有关义务的；

（三）非法干预粮食经营者正常经营活动的；

（四）其他违反粮食流通法律、法规、规章以及政策的渎职行为的。

第四十条 对违反本办法规定的其他违法行为，按照国家有关法律、法规、规章的规定予以处罚。

第七章 附 则

第四十一条 本办法下列用语的含义是：

粮食经营者，是指从事粮食收购、销售、储存、运输、加工、进出口等经营活动的法人、其他经济组织和个体工商户。

粮食收购，是指为了销售、加工或者作为饲料、工业原料等直接向种粮农民或者其他粮食生产者批量购买粮食的活动。

粮食加工，是指通过处理将原粮转化成半成品粮、成品粮，或者将半成品粮转化成成品粮的经营活动。

第四十二条 大豆、油料和食用植物油的收购、销售、储存、运输、加工、进出口等经营活动，适用本办法除第六条至第十一条以外的规定。

粮食进出口的管理，依照有关法律、行政法规的规定执行。

第四十三条 本办法中涉及"以上"含本数、"以下"不含本数。

第四十四条 本办法自 2010 年 1 月 1 日起施行。

福建省粮食流通管理办法

（2013 年 6 月 7 日福建省人民政府第 5 次常务会议审议通过，2013 年 6 月 10 日福建省人民政府令第 123 号公布，自 2013 年 8 月 1 日起施行）

第一章　总　　则

第一条　为了保护粮食生产者的积极性，促进粮食生产，规范粮食流通秩序，确保粮食有效供给，保障粮食安全，维护社会稳定，根据有关法律、法规，结合本省实际，制定本办法。

第二条　在本省行政区域内从事粮食收购、销售、储存、运输、加工等经营活动，以及相关的监督管理活动，应当遵守本办法。

第三条　县级以上人民政府应当加强对粮食流通管理工作的领导，落实粮食工作行政首长负责制。

县级以上人民政府粮食行政管理部门负责本行政区域粮食流通的行业管理和指导，管理地方粮食储备，实施粮食监测预警和应急处置，保障粮食供应，维护市场秩序。

县级以上人民政府发展和改革、财政、农业、工商、统计、价格、质量技术监督、卫生等行政管理部门在各自职责范围内负责与粮食流通有关的工作。

第四条　县级以上人民政府应当明确粮食行政管理部门或者主管部门行政执法、监督检查、统计调查的职责和机构，配备人员，并将其工作经费纳入本级财政预算。

第五条 粮食行业组织应当加强行业自律和服务，维护粮食流通秩序。

第二章 粮食经营

第六条 从事粮食收购活动的经营者，应当具备以下条件，经县级以上人民政府粮食行政管理部门资格审核，取得粮食收购许可证，并向工商行政管理部门办理登记：

（一）企业法人单位自有资金 50 万元以上，其他经济组织自有资金 30 万元以上，个体工商户自有资金 3 万元以上；

（二）企业法人单位的仓容量 300 吨以上，其他经济组织的仓容量 150 吨以上，个体工商户的仓容量 30 吨以上；

（三）具备与粮食收购规模相适应的粮食质量检验人员和检测仪器设备。不具备检测条件的，应当委托粮食质量检测机构进行检测；

（四）企业法人与其他经济组织应当配备专职粮食保管人员，个体工商户应当配备专职或者兼职粮食保管人员。

第七条 粮食收购许可证有效期为 3 年。期满后需要延续的，应当依法向原发证机关申请办理。

任何单位和个人不得伪造、涂改、倒卖、转让、出租、出借粮食收购许可证。

第八条 从事粮食收购活动的经营者，应当遵守以下规定：

（一）在粮食收购场所明示粮食收购许可证和营业执照或者其副本；

（二）向售粮者山具粮食收购凭证，粮食收购凭证应当载明所收购粮食的品种、等级、价格、数量和金额；

（三）告知售粮者或者在收购场所公示粮食的品种、质量标准和收购价格；

（四）执行国家粮食质量标准，按质论价，不得损害粮食生产者利益；

（五）使用经法定计量检验机构检验合格的计量器具；

（六）及时向售粮者支付售粮款；

（七）依法报告粮食收购数量等有关情况。

第九条　从事粮食储存活动的经营者，应当遵守以下规定：

（一）仓储设施符合粮食储存有关标准和技术规范以及消防安全的要求；

（二）不得将粮食与可能对粮食产生污染的有害物质混存；

（三）不得使用国家禁止使用的化学药剂或者超量使用化学药剂；

（四）不同收获年度的粮食不得混存；

（五）霉变及病虫害超过标准规定的粮食应当单独存放，并按照有关规定销售或者进行销毁处理；

（六）按照国家规定做好储存粮食所需化学药剂的安全保管和使用工作。

第十条　从事粮食销售活动的经营者，应当遵守以下规定：

（一）所销售的粮食符合质量、卫生标准；

（二）不得短斤少两、掺杂使假、以次充好；

（三）不得囤积居奇、垄断或者操纵粮食价格；

（四）销售人员具有防虫、防鼠、防变质、防污染等食品卫生知识和感官鉴别粮食质量的一般能力；

（五）销售中的成品粮的包装和标识符合国家食品包装、标签标准和有关规定；

（六）明码标价。

第十一条 从事食用粮食加工活动的经营者，应当遵守以下规定：

（一）具有保证粮食质量和卫生必备的加工条件；

（二）不得使用不符合质量、卫生标准的原粮或者副产品进行加工；

（三）不得违反规定使用添加剂；

（四）不得使用不符合质量、卫生标准的包装材料；

（五）包装物上的标识符合国家规定，并载明粮食品种、等级、厂名厂址、出厂日期和联系方式等事项；

（六）产品质量经自行检验或者委托检验符合国家有关规定。

第十二条 所有粮食经营者以及饲料、工业用粮企业，应当建立粮食经营台账，并依法报送粮食经营基本数据和有关情况。

粮食经营者保留粮食经营台账的期限不得少于3年。

第十三条 粮食经营者应当按照以下要求履行不低于最低库存量的义务：

（一）从事粮食收购活动的经营者最低库存量标准为上年度月均收购量的30%；

（二）从事粮食加工活动的经营者最低库存量标准为上年度月均加工量的30%；

（三）从事原粮批发活动的经营者最低库存量标准为上年度

月均销售量的 30%，从事成品粮批发活动的经营者最低库存量标准为上年度月均销售量的 25%；

（四）从事粮食零售活动的经营者最低库存量标准为上年度月均销售量的 15%。

第十四条 粮食经营者应当按照以下要求履行不高于最高库存量的义务：

（一）从事粮食收购活动的经营者最高库存量标准为上年度月均收购量的 50%；

（二）从事粮食加工活动的经营者，原料最高库存量标准为上年度月均加工量的 100%，成品粮最高库存量标准为上年度月均加工量的 20%；

（三）从事原粮批发活动的经营者最高库存量标准为上年度月均销售量的 50%，从事成品粮批发活动的经营者最高库存量标准为上年度月均销售量的 30%；

（四）从事粮食零售活动的经营者最高库存量标准为上年度月均销售量的 30%。

第十五条 本办法第十三条和第十四条规定的粮食最低、最高库存量的具体实施时间由省人民政府粮食行政管理部门根据粮食市场形势提出，报省人民政府批准后向社会公布。

第十六条 粮食经营者承担的中央和地方储备、临时存储、储备订单粮食收购等政策性粮食业务，不纳入最低、最高库存量标准的核定范围；以进口方式采购原料的粮食加工企业，在整体满负荷生产的前提下，原料库存数量不受最高库存量的限定。

粮食经营者同时从事粮食收购、加工、批发、零售两种以上业务的，最低库存量标准按其高值执行，最高库存量标准按其低值执行。

经营时间不足 1 年的粮食经营者，按照已有经营业绩的月平均量计算相关标准。

第十七条 实行粮食质量安全检验制度。县级以上人民政府应当建立粮食质量安全追溯体系。

粮食收购和储存企业应当按照国家粮食质量标准对入库的粮食进行检验；在粮食销售出库时，应当按照国家有关规定进行质量检验，出具质量检验报告。

第三章 宏观调控

第十八条 县级以上人民政府实行分级负责的粮食储备制度，设区市、县（市、区）储备粮的规模由省人民政府核定。

县级以上人民政府财政部门应当按照本级人民政府确定的储备粮规模负责将储备粮所需费用及贷款利息纳入当年财政预算和粮食风险基金使用范围。

地方储备粮管理办法由省人民政府粮食行政管理部门会同有关部门制定，报省人民政府批准后实施。

第十九条 政策性粮食的采购和销售、储备粮的轮换应当通过国家规定的方式公开进行。

第二十条 县级以上人民政府应当建立粮食风险基金制度，并列入本级财政预算。

粮食风险基金管理办法由省人民政府财政部门会同粮食等部门制定，报省人民政府批准后实施。

第二十一条 为保障市场供应、保护粮食生产者利益，必要时可由省人民政府决定对稻谷实行最低收购价格。

经省人民政府决定实行稻谷最低收购价格时，县级以上人民政府粮食行政管理部门应当委托具有粮食收购资格的粮食经营者，按照最低收购价收购粮食，经营者按照有关规定享有相应权益。

当粮食价格显著上涨或者有可能显著上涨时，省人民政府可以按照《中华人民共和国价格法》的规定，采取价格干预措施。

第二十二条 县级以上人民政府应当建立粮食应急体系，制定粮食应急预案，并报上一级人民政府备案。

在粮食市场供求异常波动时，县级以上人民政府应当按照有关规定启动粮食应急预案。

第二十三条 粮食应急预案启动后，县级以上人民政府有关部门应当按照要求履行职责，粮食经营者应当按照要求承担粮食应急任务。

启动粮食应急预案相关费用，由县级以上人民政府按照规定予以保障。

第二十四条 县级以上人民政府应当按照规划布局的要求，加大粮食流通基础设施建设投入，鼓励社会力量投资建设粮食流通基础设施，在资金、用地等政策方面予以扶持，并落实国家有关税收优惠政策。

第二十五条 县级以上人民政府应当根据需要确立一定数量的骨干粮店（含骨干超市）和骨干粮食加工企业，作为粮食安全应急供应和加工网络，在资金、用地等政策方面予以扶持，并落实国家有关税收优惠政策。

骨干粮店和骨干粮食加工企业认定和管理办法，由省人民政府粮食行政管理部门会同有关部门制定，报省人民政府批准后实施。

第二十六条 县级以上人民政府应当采取有效措施，在资金、用地等政策方面扶持各类粮食经营主体以多种形式与粮食主产区建立稳定的产销协作关系；扶持粮食主产区企业到本地区建设粮食加工、仓储设施，设立销售窗口；扶持本地区粮食经营企业到产区建立粮食生产基地、加工基地和收购基地，并落实国家有关税收优惠政策。

具体的扶持措施，由县级以上人民政府制定。

第四章　监督检查

第二十七条 县级以上人民政府粮食行政管理部门依法对以下事项进行监督检查：

（一）粮食收购、储存、运输活动；

（二）政策性粮食的收购、储存、运输、销售活动；

（三）国家粮食流通统计制度执行情况；

（四）粮食收购、储存、运输、入库以及原粮出库销售中的质量安全。

第二十八条 县级以上人民政府发展和改革、财政、农业、工商、统计、价格、质量技术监督、卫生等行政管理部门应当按照各自职责对粮食流通活动进行监督检查。

县级以上人民政府粮食行政管理部门和有关部门应当建立粮食流通监督检查工作协调机制，定期交流通报粮食流通监督检查工作的有关情况。

第二十九条 粮食流通监督检查人员在履行监督检查职责时，不得妨碍被检查对象的正常经营活动。

被检查对象对粮食流通监督检查人员依法履行职责，应当予以配合，不得拒绝、阻挠或者干涉。

第五章 法律责任

第三十条 违反本办法规定的行为，有关法律、法规已有规定的，从其规定。

第三十一条 违反本办法规定，有下列行为之一的，由县级以上人民政府粮食行政管理部门责令限期改正；逾期未改正的，处以500元以上5000元以下的罚款：

（一）未在粮食收购场所明示粮食收购许可证的；

（二）伪造、涂改、倒卖、转让、出租、出借粮食收购许可证的；

（三）未向售粮者出具粮食收购凭证或者出具的粮食收购凭证未载明所收购粮食的品种、等级、价格、数量、金额的；

（四）将不同收获年度的粮食混存的。

第三十二条 违反本办法规定，有下列行为之一的，由县级以上粮食行政管理部门责令限期改正；逾期未改正的，处2万元以上20万元以下的罚款：

（一）未按照有关规定单独存放、销售或者销毁霉变、病虫害超过标准规定的粮食的；

（二）未按照国家规定保管或者使用储存粮食所需的化学药剂的。

第三十三条 粮食流通管理有关部门及其工作人员有下列

行为之一的，对直接负责的主管人员和其他直接责任人员，依法给予处分；构成犯罪的，依法追究刑事责任：

（一）未按照法定条件或者程序颁发粮食收购许可证的；

（二）非法干预粮食经营者正常经营活动的；

（三）违反规定管理或者使用粮食风险基金的；

（四）违法实施行政处罚或者监督检查的；

（五）其他玩忽职守、滥用职权、徇私舞弊的行为。

第三十四条 县级以上人民政府及其有关部门不按照粮食应急预案的要求履行粮食应急职责的，由其上一级人民政府或者主管部门对直接负责的主管人员和其他直接责任人员依法给予处分；构成犯罪的，依法追究刑事责任。

第六章 附 则

第三十五条 本办法所称粮食，是指稻谷、小麦、玉米、杂粮及其成品粮。

粮食经营者，是指从事粮食收购、销售、储存、运输、加工等经营活动的法人、其他经济组织和个体工商户。

第三十六条 大豆、油料和食用植物油的收购、销售、储存、运输、加工等经营活动，适用本办法除第六条、第七条以外的规定。

第三十七条 本办法自 2013 年 8 月 1 日起施行。

粮食收储有关管理办法

粮食库存检查暂行办法

国家发展和改革委员会　国家粮食局　财政部
中国农业发展银行关于印发《粮食库存
检查暂行办法》的通知

国粮检〔2006〕139号

各省、自治区、直辖市及新疆生产建设兵团发展改革
委、粮食局、财政厅（局）、农业发展银行分行，中国
储备粮管理总公司、中国粮油食品（集团）有限公司、
中谷粮油集团公司、中国华粮物流集团公司：

　　为贯彻落实《粮食流通管理条例》（国务院令第
407号）、《中央储备粮管理条例》（国务院令第388
号）和国务院《关于批转2001年全国粮食清仓查库工
作总结报告的通知》（国发〔2002〕3号）精神，依法

做好粮食库存的监督检查工作，准确掌握粮食经营企业库存粮食的品种、数量和质量情况，规范和指导粮食经营企业加强粮食库存管理工作，特制定《粮食库存检查暂行办法》，现印发给你们，请遵照执行。各地可结合本地实际，制定具体的实施细则。

国家发展改革委　国家粮食局
中华人民共和国财政部
中国农业发展银行
二〇〇六年九月五日

第一章　总　则

第一条　为准确掌握粮食经营企业库存粮食的品种、数量、质量等情况，规范对粮食经营企业的粮食库存检查工作，监督和指导粮食经营企业加强库存管理，根据《粮食流通管理条例》、《中央储备粮管理条例》等有关法律、法规、规章以及国务院有关规定，制定本办法。

第二条　国务院发展改革部门、国家粮食行政管理部门、国务院财政部门，中国农业发展银行等部门和单位（以下简称国家有关部门和单位）联合组织的，对各种所有制粮食经营企业粮食库存的检查（以下简称全国粮食库存检查），适用本办法。

本办法所称粮食经营企业包括纳入粮食行政管理部门库存统计范围的从事粮食收购、销售、储存、运输、加工等经营活动的企业，粮食储备企业，以及转化用粮企业。

国家有关部门和单位按照各自职责组织的与粮食经营企业粮食库存有关的专项检查，地方粮食行政管理等部门和单位按照省长负责制的要求在本辖区内组织的对地方粮食库存的检查，参照本办法执行。

第三条 全国粮食库存检查由国家粮食行政管理部门会同国家有关部门和单位定期组织实施，检查工作分为自查、复查和抽查三个阶段。对中央储备粮库存的检查，中国储备粮管理总公司应积极配合。

第四条 参与全国粮食库存复查和抽查的检查人员，应通过国家粮食行政管理部门组织的专业培训、考核，持证上岗。承担粮食质量检验及原粮卫生检验任务的承检机构，应当通过省级（含）以上计量认证。国家有关部门和单位联合抽查的承检机构，由国家粮食行政管理部门指定；省级有关部门和单位复查的承检机构，由省级粮食行政管理部门指定。

第二章 粮食库存检查的内容和方法

第五条 粮食库存实物检查。包括检查粮食库存的性质、品种、数量情况。

以独立核算的企业法人为一个被检查单位，采取测量计算法或称重法对其粮食库存进行检查，以核实不同性质、不同品种粮食实际库存数量。

粮食库存实物检查的具体方法，依照《粮食库存实物检查规程》执行。

第六条 粮食库存账务检查。包括检查保管账、统计账和会计账。

分别核对保管账、统计账、会计账与粮食库存实物的性质、品种、数量是否相符，并核对账账是否相符。不相符的，要查明原因。

粮食库存账务检查的具体方法，依照《粮食库存账务检查规程》执行。

第七条 粮食库存质量、原粮卫生和储粮安全情况检查。

对库存粮食质量，重点检查粮食质量合格率、宜存率等情况。

对原粮卫生，重点检查原粮化学药剂残留量、重金属含量、真菌毒素含量等情况。

对储粮安全，重点检查是否存在粮食发热、霉变、虫害等情况。

具体检查方法，依照《粮食质量、原粮卫生和储粮安全检查规程》执行。

第八条 粮食经营企业执行与粮食库存管理相关的各项政策、制度检查。重点检查与粮食库存管理相关的收购质量和价格情况，以及执行粮食出、入库质量检验制度等情况。对储备粮的检查，还要包括财政补贴情况。

第九条 储备粮计划执行、代储资格等情况的检查。

（一）储备粮计划执行和管理情况的检查。包括检查中央储备粮和地方储备粮的购销计划和轮换计划执行情况，储备粮专仓储存、专人保管、专账记载情况，以及执行中央储备粮和地方储备粮轮换管理有关规定的情况。

（二）储备粮承储资格检查。对中央储备粮代储企业，重点检查是否具有代储资格，储备粮是否存储在取得资格的仓房内，代储粮食数量是否超过取得资格的仓容量，专业技术人员是否具有相应资质，以及代储资格条件是否发生重大变化等情况。对地方储备粮承储企业，重点检查是否符合地方储备粮的管理要求等情况。

第十条 每次全国粮食库存检查的具体内容，可根据粮食流通管理的需要，适当调整。

第三章 粮食库存检查的组织和实施

第十一条 全国粮食库存检查按以下步骤进行：

（一）制定检查方案，明确检查内容，确定检查人员，合理分组分工。

（二）以适当方式公布检查范围、内容、要求和检查时点。

（三）依照检查方案和本办法相关规定开展检查工作。

（四）检查人员确认检查结果，并告知被检查企业。

（五）检查人员对库存检查中发现的问题提出处理意见。

（六）跟踪了解检查发现问题的处理、整改情况。

第十二条 全国粮食库存检查的自查、复查和抽查按以下方式组织实施。

（一）自查。由粮食经营企业按照全国粮食库存检查方案确定的检查内容和要求，对本企业所有粮食库存情况进行自查。

（二）复查。由省级粮食行政管理部门会同省级财政部门和中国农业发展银行省级分支机构（以下简称省级有关部门和单位），以及中国储备粮管理总公司分支机构，对粮食经营企业库存自查情况进行复查。复查范围由参与复查的有关部门和单位根据全国粮食库存检查方案，结合实际情况确定，一般不少于被检查企业的 10%。复查方式选择以下两种之一。

方式一：由省级粮食行政管理部门、中国储备粮管理总公司分支机构，以及省级有关部门和单位，对辖区内粮食经营企业库存自查情况进行联合复查。

方式二：省级粮食行政管理部门会同省级有关部门和单位，对地方粮食经营企业（不包括中央储备粮代储企业）进行复查；省级粮食行政管理部门、中国储备粮管理总公司分支机构，以及省级有关部门和单位对中央储备粮代储企业进行联合复查；中国储备粮管理总公司分支机构会同中国农业发展银行省级分支机构对中央储备粮直属企业进行复查。

（三）抽查。由国家粮食行政管理部门等国家有关部门和单位组成联合检查组，依据全国粮食库存检查方案确定的检查内容、区域，对粮食经营企业粮食库存检查结果进行抽查。中国储备粮管理总公司派员配合检查组开展中央储备粮库存的抽查。省级粮食行政管理等部门和单位应协助联合检查组开展工作。

复查与抽查的区域和粮食经营企业，由组织复查、抽查的部门和单位随机确定。

第十三条　地方粮食行政管理部门，中国储备粮管理总公司分支机构等，应建立健全粮食库存检查制度，适时开展粮食库存检查工作。

第四章　粮食库存检查工作的权责规定

第十四条　粮食库存检查人员在检查过程中，可以行使下列职权：

（一）进入被检查企业的经营场所检查粮食库存实物及粮食

仓储和检化验设施、设备。

（二）按照有关规定，规范扦取粮食检验样品。

（三）查阅粮食库存的原始凭据、证账、报表等相关资料。

（四）了解询问被检查企业经营管理情况。

（五）对检查中发现企业粮食库存管理方面存在的问题进行调查。

（六）法律、法规规定的其他职权。

第十五条 粮食库存检查人员在检查过程中应当遵守下列规定：

（一）严格遵守国家有关法律、法规，不得非法干预被检查企业的正常经营活动，不得泄露国家秘密和被检查企业的商业秘密。

（二）依法履行检查职责，正确填写检查数据，完整记录检查情况，作出检查结论，并提出处理意见。

（三）对粮食库存检查结果的真实性和准确性负责。

（四）法律、法规明确的其他规定。

第十六条 被检查企业在接受库存检查时应履行下列义务：

（一）配合检查人员依法履行职责，不得拒绝、阻挠、干涉检查人员的工作。

（二）及时、主动报告粮食库存的相关情况，如实回答询问，协助检查。如实提供粮食库存的原始凭据、证账、报表等相关材料。

（三）对检查结果签字确认，不同意签字确认的，出具书面意见，说明理由。

（四）服从并执行依法作出的处理决定。

（五）法律、法规规定的其他义务。

第十七条 粮食库存检查过程中，被检查企业可以行使下列权利：

（一）对粮食库存检查的依据、范围、内容、方式等事项有了解、知情的权利。

（二）要求检查人员表明合法身份的权利。

（三）对检查人员认定的事实有异议，有陈述与申辩的权利。

（四）对于检查人员的违规失职行为，有申诉、控告和检举的权利。

（五）法律、法规规定的其他权利。

第五章 粮食库存检查结果的处理

第十八条 粮食经营企业的粮食库存自查结果，应分析说明账实差异，经单位主要负责人签字后，在规定期限内按规定程序报上级单位逐级审核、汇总。不得虚报、瞒报、拒报、漏报、迟报、伪造、篡改粮食库存检查结果。

第十九条 省级粮食库存检查结果的汇总报告，可选以下两种方式之一。

方式一：由省级粮食行政管理部门、中国储备粮管理总公司分支机构对辖区内粮食库存自查、复查结果进行汇总、核对，起草库存检查报告，并会同省级有关部门和单位共同上报国家粮食行政管理部门、国务院财政部门和中国农业发展银行。

方式二：省级粮食行政管理部门负责对地方粮食库存自查、复查结果进行汇总；省级粮食行政管理部门、中国储备粮管理总公司分支机构，对地方粮食经营企业代储的中央储备粮库存自查、复查结果进行汇总；中国储备粮管理总公司分支机构负责对中央储备粮直属企业粮食库存自查、复查结果进行汇总。汇总结果经省级粮食行政管理部门与中国储备粮管理总公司分支机构共同核对、合并后，起草库存检查报告，并会同省级有关部门和单位共同上报国家粮食行政管理部门、国务院财政部门和中国农业发展银行。

新疆生产建设兵团粮食库存（含中央储备粮）检查结果由新疆维吾尔自治区粮食行政管理部门、中国储备粮管理总公司新疆分支机构一并汇总上报。

粮食库存检查结果汇总表式及填报要求，依照《粮食库存检查汇总表及其填报说明》执行。

第二十条 全国粮食库存检查结果，由国家粮食行政管理部门负责汇总，并起草报告，会同国务院发展改革部门、国务院财政部门、中国农业发展银行联合上报国务院。

国家有关部门和单位依照各自职责组织专项检查，应将结果通报粮食库存管理的同级相关部门和单位。

第二十一条 对粮食库存检查中发现的问题实行情况通报（报告）制度。

对属于部门和单位监管职责范围的问题，向有关部门和单位通报；对具有普遍性的管理问题，向行业、系统通报；对有一定社会影响的典型案件，必要时可通过媒体向社会公布；对检查发现的重大问题，应纳入检查报告，上报国务院。

第二十二条 粮食库存检查中发现的以下问题，由相关职能部门和单位，依照《粮食流通管理条例》、《中央储备粮管理条例》及其配套规章制度的规定予以处理。

（一）检查中发现地方粮食库存数量、质量、原粮卫生、地方储备粮管理等方面的违规问题，由粮食行政管理部门处理；涉及粮食财政补贴管理方面的违规问题，由财政部门处理；涉及农业发展银行粮食信贷资金管理的问题，由中国农业发展银行处理。

（二）检查中发现中央储备粮数量、质量、原粮卫生，以及承储资格管理等方面的违规问题，由国家粮食行政管理部门处理；涉及中央储备粮财政补贴管理方面的违规问题，由国务院财政部门处理；涉及农业发展银行粮食信贷资金管理的问题，由中国农业发展银行处理。

（三）检查中发现库存粮食发热、霉变、虫害等问题，检查组要责成被检查企业立即整改。

执行处理决定的企业和单位，其整改情况应及时上报作出处理决定的部门和单位。

第二十三条 对在粮食库存检查工作中做出突出成绩的单位和个人，由各级粮食行政管理部门及有关部门和单位按照有关规定给予表彰、奖励。

第二十四条 粮食库存检查人员违反本办法规定的，给予责令改正、批评教育处理；情节严重的，取消参加粮食库存检查的资格；违反法律法规的，依法进行处理。

第二十五条 全国粮食库存检查档案的管理由国家粮食行政管理部门负责。粮食库存检查档案包括粮食库存检查的文件、工作方案；粮食库存复查和抽查报告与附表；粮食库存检查的工作底稿等原始记录；其他库存检查的资料、文件、报表、凭证。

第六章　附　则

第二十六条　本办法所称粮食包括小麦、稻谷、玉米、大豆、杂粮及其成品粮。所称粮食的性质分为中央储备粮、地方储备粮、其他政策性粮食和企业自营的商品粮。所称检查时点为统计月报结报日。

第二十七条　对食用植物油和油料的库存检查，参照本办法执行。

第二十八条　本办法由国家粮食行政管理部门、国务院发展改革、财政部门和中国农业发展银行负责解释。

第二十九条　本办法自发布之日起施行。

中央储备粮管理条例

中华人民共和国国务院令

第 666 号

《国务院关于修改部分行政法规的决定》已经 2016年 1 月 13 日国务院第 119 次常务会议通过，现予公布，自公布之日起施行。

总理　李克强

2016 年 2 月 6 日

（2003 年 8 月 15 日中华人民共和国国务院令第 388 号公布；根据 2011 年 1 月 8 日《国务院关于废止和修改部分行政法规的决定》第一次修订；根据 2016 年 2 月 6 日《国务院关于修改部分行政法规的决定》第二次修订）

第一章 总 则

第一条 为了加强对中央储备粮的管理，保证中央储备粮数量真实、质量良好和储存安全，保护农民利益，维护粮食市场稳定，有效发挥中央储备粮在国家宏观调控中的作用，制定本条例。

第二条 本条例所称中央储备粮，是指中央政府储备的用于调节全国粮食供求总量，稳定粮食市场，以及应对重大自然灾害或者其他突发事件等情况的粮食和食用油。

第三条 从事和参与中央储备粮经营管理、监督活动的单位和个人，必须遵守本条例。

第四条 国家实行中央储备粮垂直管理体制，地方各级人民政府及有关部门应当对中央储备粮的垂直管理给予支持和协助。

第五条 中央储备粮的管理应当严格制度、严格管理、严格责任，确保中央储备粮数量真实、质量良好和储存安全，确保中央储备粮储得进、管得好、调得动、用得上并节约成本、费用。

未经国务院批准，任何单位和个人不得擅自动用中央储备粮。

第六条 国务院发展改革部门及国家粮食行政管理部门会

同国务院财政部门负责拟订中央储备粮规模总量、总体布局和动用的宏观调控意见，对中央储备粮管理进行指导和协调；国家粮食行政管理部门负责中央储备粮的行政管理，对中央储备粮的数量、质量和储存安全实施监督检查。

第七条　国务院财政部门负责安排中央储备粮的贷款利息、管理费用等财政补贴，并保证及时、足额拨付；负责对中央储备粮有关财务执行情况实施监督检查。

第八条　中国储备粮管理总公司具体负责中央储备粮的经营管理，并对中央储备粮的数量、质量和储存安全负责。

中国储备粮管理总公司依照国家有关中央储备粮管理的行政法规、规章、国家标准和技术规范，建立、健全中央储备粮各项业务管理制度，并报国家粮食行政管理部门备案。

第九条　中国农业发展银行负责按照国家有关规定，及时、足额安排中央储备粮所需贷款，并对发放的中央储备粮贷款实施信贷监管。

第十条　任何单位和个人不得以任何方式骗取、挤占、截留、挪用中央储备粮贷款或者贷款利息、管理费用等财政补贴。

第十一条　任何单位和个人不得破坏中央储备粮的仓储设施，不得偷盗、哄抢或者损毁中央储备粮。

中央储备粮储存地的地方人民政府对破坏中央储备粮仓储设施，偷盗、哄抢或者损毁中央储备粮的违法行为，应当及时组织有关部门予以制止、查处。

第十二条　任何单位和个人对中央储备粮经营管理中的违法行为，均有权向国家粮食行政管理部门等有关部门举报。国家粮食行政管理部门等有关部门接到举报后，应当及时查处；举报事项的处理属于其他部门职责范围的，应当及时移送其他部门处理。

第二章　中央储备粮的计划

第十三条　中央储备粮的储存规模、品种和总体布局方案，由国务院发展改革部门及国家粮食行政管理部门会同国务院财政部门，根据国家宏观调控需要和财政承受能力提出，报国务院批准。

第十四条　中央储备粮的收购、销售计划，由国家粮食行政管理部门根据国务院批准的中央储备粮储存规模、品种和总体布局方案提出建议，经国务院发展改革部门、国务院财政部门审核同意后，由国务院发展改革部门及国家粮食行政管理部门会同国务院财政部门和中国农业发展银行共同下达中国储备粮管理总公司。

第十五条　中国储备粮管理总公司根据中央储备粮的收购、销售计划，具体组织实施中央储备粮的收购、销售。

第十六条　中央储备粮实行均衡轮换制度，每年轮换的数量一般为中央储备粮储存总量的 20% 至 30%。

中国储备粮管理总公司应当根据中央储备粮的品质情况和入库年限，提出中央储备粮年度轮换的数量、品种和分地区计划，报国家粮食行政管理部门、国务院财政部门和中国农业发展银行批准。中国储备粮管理总公司在年度轮换计划内根据粮食市场供求状况，具体组织实施中央储备粮的轮换。

第十七条　中国储备粮管理总公司应当将中央储备粮收购、

销售、年度轮换计划的具体执行情况，及时报国务院发展改革部门、国家粮食行政管理部门和国务院财政部门备案，并抄送中国农业发展银行。

第三章　中央储备粮的储存

第十八条　中国储备粮管理总公司直属企业为专户储存中央储备粮的企业。

中央储备粮也可以依照本条例的规定由具备条件的其他企业代储。

第十九条　代储中央储备粮的企业，应当具备下列条件：

（一）仓库容量达到国家规定的规模，仓库条件符合国家标准和技术规范的要求；

（二）具有与粮食储存功能、仓型、进出粮方式、粮食品种、储粮周期等相适应的仓储设备；

（三）具有符合国家标准的中央储备粮质量等级检测仪器和场所，具备检测中央储备粮储存期间仓库内温度、水分、害虫密度的条件；

（四）具有经过专业培训的粮油保管员、粮油质量检验员等管理技术人员；

（五）经营管理和信誉良好，并无严重违法经营记录。

选择代储中央储备粮的企业，应当遵循有利于中央储备粮的合理布局，有利于中央储备粮的集中管理和监督，有利于降低中央储备粮成本、费用的原则。

第二十条　具备本条例第十九条规定代储条件的企业，经国家粮食行政管理部门审核同意，取得代储中央储备粮的资格。

企业代储中央储备粮的资格认定办法，由国家粮食行政管理部门会同国务院财政部门，并征求中国农业发展银行和中国储备粮管理总公司的意见制定。

第二十一条 中国储备粮管理总公司负责从取得代储中央储备粮资格的企业中，根据中央储备粮的总体布局方案择优选定中央储备粮代储企业，报国家粮食行政管理部门、国务院财政部门和中国农业发展银行备案，并抄送当地粮食行政管理部门。

中国储备粮管理总公司应当与中央储备粮代储企业签订合同，明确双方的权利、义务和违约责任等事项。

中央储备粮代储企业不得将中央储备粮轮换业务与其他业务混合经营。

第二十二条 中国储备粮管理总公司直属企业、中央储备粮代储企业（以下统称承储企业）储存中央储备粮，应当严格执行国家有关中央储备粮管理的行政法规、规章、国家标准和技术规范，以及中国储备粮管理总公司依照有关行政法规、规章、国家标准和技术规范制定的各项业务管理制度。

第二十三条 承储企业必须保证入库的中央储备粮达到收购、轮换计划规定的质量等级，并符合国家规定的质量标准。

第二十四条 承储企业应当对中央储备粮实行专仓储存、专人保管、专账记载，保证中央储备粮账账相符、账实相符、质量良好、储存安全。

第二十五条 承储企业不得虚报、瞒报中央储备粮的数量，不得在中央储备粮中掺杂掺假、以次充好，不得擅自串换中央储备粮的品种、变更中央储备粮的储存地点，不得因延误轮换或者管理不善造成中央储备粮陈化、霉变。

第二十六条 承储企业不得以低价购进高价入账、高价售出低价入账、以旧粮顶替新粮、虚增入库成本等手段套取差价，骗取中央储备粮贷款和贷款利息、管理费用等财政补贴。

第二十七条 承储企业应当建立、健全中央储备粮的防火、防盗、防洪等安全管理制度，并配备必要的安全防护设施。

地方各级人民政府应当支持本行政区域内的承储企业做好中央储备粮的安全管理工作。

第二十八条 承储企业应当对中央储备粮的储存管理状况进行经常性检查；发现中央储备粮数量、质量和储存安全等方面的问题，应当及时处理；不能处理的，承储企业的主要负责人必须及时报告中国储备粮管理总公司或者其分支机构。

第二十九条 承储企业应当在轮换计划规定的时间内完成中央储备粮的轮换。

中央储备粮的轮换应当遵循有利于保证中央储备粮的数量、质量和储存安全，保持粮食市场稳定，防止造成市场粮价剧烈波动，节约成本、提高效率的原则。

中央储备粮轮换的具体管理办法，由国务院发展改革部门及国家粮食行政管理部门会同国务院财政部门，并征求中国农业发展银行和中国储备粮管理总公司的意见制定。

第三十条 中央储备粮的收购、销售、轮换原则上应当通过规范的粮食批发市场公开进行，也可以通过国家规定的其他方式进行。

第三十一条 承储企业不得以中央储备粮对外进行担保或者对外清偿债务。

承储企业依法被撤销、解散或者破产的，其储存的中央储备粮由中国储备粮管理总公司负责调出另储。

第三十二条 中央储备粮的管理费用补贴实行定额包干，由国务院财政部门拨付给中国储备粮管理总公司；中国储备粮管理总公司按照国务院财政部门的有关规定，通过中国农业发展银行补贴专户，及时、足额拨付到承储企业。中国储备粮管理总公司在中央储备粮管理费用补贴包干总额内，可以根据不同储存条件和实际费用水平，适当调整不同地区、不同品种、不同承储企业的管理费用补贴标准；但同一地区、同一品种、储存条件基本相同的承储企业的管理费用补贴标准原则上应当一致。

中央储备粮的贷款利息实行据实补贴，由国务院财政部门拨付。

第三十三条 中央储备粮贷款实行贷款与粮食库存值增减挂钩和专户管理、专款专用。

承储企业应当在中国农业发展银行开立基本账户，并接受中国农业发展银行的信贷监管。

中国储备粮管理总公司应当创造条件，逐步实行中央储备粮贷款统借统还。

第三十四条 中央储备粮的入库成本由国务院财政部门负责核定。中央储备粮的入库成本一经核定，中国储备粮管理总公司及其分支机构和承储企业必须遵照执行。

任何单位和个人不得擅自更改中央储备粮入库成本。

第三十五条 国家建立中央储备粮损失、损耗处理制度，及时处理所发生的损失、损耗。具体办法由国务院财政部门会同国家粮食行政管理部门，并征求中国储备粮管理总公司和中国农业发展银行的意见制定。

第三十六条 中国储备粮管理总公司应当定期统计、分析中央储备粮的储存管理情况，并将统计、分析情况报送国务院发展改革部门、国家粮食行政管理部门、国务院财政部门及中国农业发展银行。

第四章 中央储备粮的动用

第三十七条 国务院发展改革部门及国家粮食行政管理部门，应当完善中央储备粮的动用预警机制，加强对需要动用中央储备粮情况的监测，适时提出动用中央储备粮的建议。

第三十八条 出现下列情况之一的，可以动用中央储备粮：

（一）全国或者部分地区粮食明显供不应求或者市场价格异常波动；

（二）发生重大自然灾害或者其他突发事件需要动用中央储备粮；

（三）国务院认为需要动用中央储备粮的其他情形。

第三十九条 动用中央储备粮，由国务院发展改革部门及国家粮食行政管理部门会同国务院财政部门提出动用方案，报国务院批准。动用方案应当包括动用中央储备粮的品种、数量、质量、价格、使用安排、运输保障等内容。

第四十条 国务院发展改革部门及国家粮食行政管理部门，根据国务院批准的中央储备粮动用方案下达动用命令，由中国储备粮管理总公司具体组织实施。

紧急情况下，国务院直接决定动用中央储备粮并下达动用命令。

国务院有关部门和有关地方人民政府对中央储备粮动用命令的实施，应当给予支持、配合。

第四十一条 任何单位和个人不得拒绝执行或者擅自改变中央储备粮动用命令。

第五章　监督检查

第四十二条 国家粮食行政管理部门、国务院财政部门按照各自职责，依法对中国储备粮管理总公司及其分支机构、承储企业执行本条例及有关粮食法规的情况，进行监督检查。在监督检查过程中，可以行使下列职权：

（一）进入承储企业检查中央储备粮的数量、质量和储存安全；

（二）向有关单位和人员了解中央储备粮收购、销售、轮换计划及动用命令的执行情况；

（三）调阅中央储备粮经营管理的有关资料、凭证；

（四）对违法行为，依法予以处理。

第四十三条 国家粮食行政管理部门、国务院财政部门在监督检查中，发现中央储备粮数量、质量、储存安全等方面存在问题，应当责成中国储备粮管理总公司及其分支机构、承储企业立即予以纠正或者处理；发现中央储备粮代储企业不再具备代储条件，国家粮食行政管理部门应当取消其代储资格；发现中国储备粮管理总公司直属企业存在不适于储存中央储备粮的情况，国家粮食行政管理部门应当责成中国储备粮管理总公司对有关直属企业限期整改。

第四十四条 国家粮食行政管理部门、国务院财政部门的监督检查人员应当将监督检查情况作出书面记录，并由监督检查人员和被检查单位的负责人签字。被检查单位的负责人拒绝签字的，监督检查人员应当将有关情况记录在案。

第四十五条 审计机关依照审计法规定的职权和程序，对有关中央储备粮的财务收支情况实施审计监督；发现问题，应当及时予以处理。

第四十六条 中国储备粮管理总公司及其分支机构、承储企业，对国家粮食行政管理部门、国务院财政部门、审计机关的监督检查人员依法履行职责，应当予以配合。

任何单位和个人不得拒绝、阻挠、干涉国家粮食行政管理部门、国务院财政部门、审计机关的监督检查人员依法履行监督检查职责。

第四十七条 中国储备粮管理总公司及其分支机构应当加强对中央储备粮的经营管理和检查，对中央储备粮的数量、质量存在的问题，应当及时予以纠正；对危及中央储备粮储存安全的重大问题，应当立即采取有效措施予以处理，并报告国家粮食行政管理部门、国务院财政部门及中国农业发展银行。

第四十八条 中国农业发展银行应当按照资金封闭管理的规定，加强对中央储备粮贷款的信贷监管。中国储备粮管理总公司及其分支机构、承储企业对中国农业发展银行依法进行的信贷监管，应当予以配合，并及时提供有关资料和情况。

第六章 法律责任

第四十九条 国家机关工作人员违反本条例规定，有下列行为之一的，给予警告直至撤职的行政处分；情节严重的，给予降级直至开除的行政处分；构成犯罪的，依法追究刑事责任：

（一）不及时下达中央储备粮收购、销售及年度轮换计划的；

（二）给予不具备代储条件的企业代储中央储备粮资格，或者发现中央储备粮代储企业不再具备代储条件不及时取消其代储资格的；

（三）发现中国储备粮管理总公司直属企业存在不适于储存中央储备粮的情况不责成中国储备粮管理总公司对其限期整改的；

（四）接到举报、发现违法行为不及时查处的。

第五十条 中国储备粮管理总公司及其分支机构违反本条例规定，有下列行为之一的，由国家粮食行政管理部门责令改正；对直接负责的主管人员和其他直接责任人员，责成中国储备粮管理总公司给予警告直至撤职的纪律处分；情节严重的，对直接负责的主管人员和其他直接责任人员给予降级直至开除的纪律处分；构成犯罪的，依法追究刑事责任：

（一）拒不组织实施或者擅自改变中央储备粮收购、销售、年度轮换计划及动用命令的；

（二）选择未取得代储中央储备粮资格的企业代储中央储备粮的；

（三）发现中央储备粮的数量、质量存在问题不及时纠正，或者发现危及中央储备粮储存安全的重大问题，不立即采取有效措施处理并按照规定报告的；

（四）拒绝、阻挠、干涉国家粮食行政管理部门、国务院财政部门、审计机关的监督检查人员依法履行监督检查职责的。

第五十一条 承储企业违反本条例规定，有下列行为之一的，由国家粮食行政管理部门责成中国储备粮管理总公司对其限期改正；情节严重的，对中央储备粮代储企业，还应当取消其代储资格；对直接负责的主管人员和其他直接责任人员给予警告直至开除的纪律处分；构成犯罪的，依法追究刑事责任：

（一）入库的中央储备粮不符合质量等级和国家标准要求的；

（二）对中央储备粮未实行专仓储存、专人保管、专账记载，中央储备粮账账不符、账实不符的；

（三）发现中央储备粮的数量、质量和储存安全等方面的问题不及时处理，或者处理不了不及时报告的；

（四）拒绝、阻挠、干涉国家粮食行政管理部门、国务院财政部门、审计机关的监督检查人员或者中国储备粮管理总公司的检查人员依法履行职责的。

第五十二条 承储企业违反本条例规定，有下列行为之一的，由国家粮食行政管理部门责成中国储备粮管理总公司对其限期改正；有违法所得的，没收违法所得；对直接负责的主管人员给予降级直至开除的纪律处分；对其他直接责任人员给予警告直至开除的纪律处分；构成犯罪的，依法追究刑事责任；对中央储备粮代储企业，取消其代储资格：

（一）虚报、瞒报中央储备粮数量的；

（二）在中央储备粮中掺杂掺假、以次充好的；

（三）擅自串换中央储备粮的品种、变更中央储备粮储存地点的；

（四）造成中央储备粮陈化、霉变的；

（五）拒不执行或者擅自改变中央储备粮收购、销售、轮换计划和动用命令的；

（六）擅自动用中央储备粮的；

（七）以中央储备粮对外进行担保或者清偿债务的。

第五十三条 承储企业违反本条例规定，以低价购进高价入账、高价售出低价入账、以旧粮顶替新粮、虚增入库成本等手段套取差价，骗取中央储备粮贷款和贷款利息、管理费用等财政补贴的，由国家粮食行政管理部门、国务院财政部门按照各自职责责成中国储备粮管理总公司对其限期改正，并责令退回骗取的中央储备粮贷款和贷款利息、管理费用等财政补贴；有违法所得的，没收违法所得；对直接负责的主管人员给予降级直至开除的纪律处分；对其他直接责任人员给予警告直至开除的纪律处分；构成犯罪的，依法追究刑事责任；对中央储备粮代储企业，取消其代储资格。

第五十四条 中央储备粮代储企业将中央储备粮轮换业务与其他业务混合经营的，由国家粮食行政管理部门责成中国储备粮管理总公司对其限期改正；对直接负责的主管人员给予警告直至降级的纪律处分；造成中央储备粮损失的，对直接负责的主管人员给予撤职直至开除的纪律处分，并取消其代储资格。

第五十五条 违反本条例规定，挤占、截留、挪用中央储备粮贷款或者贷款利息、管理费用等财政补贴，或者擅自更改中央储备粮入库成本的，由国务院财政部门、中国农业发展银行按照各自职责责令改正或者给予信贷制裁；有违法所得的，没收违法所得；对直接负责的主管人员和其他直接责任人员依法给予撤职直至开除的纪律处分；构成犯罪的，依法追究刑事责任。

第五十六条 国家机关和中国农业发展银行的工作人员违反本条例规定，滥用职权、徇私舞弊或者玩忽职守，构成犯罪的，依法追究刑事责任；尚不构成犯罪的，依法给予降级直至开除的行政处分或者纪律处分。

第五十七条　违反本条例规定，破坏中央储备粮仓储设施，偷盗、哄抢、损毁中央储备粮，构成犯罪的，依法追究刑事责任；尚不构成犯罪的，依照《中华人民共和国治安管理处罚法》的规定予以处罚；造成财产损失的，依法承担民事赔偿责任。

第五十八条　本条例规定的对国家机关工作人员的行政处分，依照《中华人民共和国公务员法》的规定执行；对中国储备粮管理总公司及其分支机构、承储企业、中国农业发展银行工作人员的纪律处分，依照国家有关规定执行。

第七章　附　则

第五十九条　地方储备粮的管理办法，由省、自治区、直辖市参照本条例制定。

第六十条　本条例自公布之日起施行。

国家政策性粮食出库管理暂行办法

国家发展改革委　国家粮食局关于印发
《国家政策性粮食出库管理暂行办法》的通知
发改经贸〔2012〕1520号

各省、自治区、直辖市发展改革委、粮食局、物价局，
中国储备粮管理总公司：

为加强国家政策性粮食出库管理，确保国家政策性粮食按质、按量、及时出库投放市场，充分发挥国家政策性粮食在国家宏观调控中的作用，特制定《国家政策性粮食出库管理暂行办法》，现予印发，请按照执行。

国家发展改革委
国家粮食局
二〇一二年五月二十八日

第一章 总 则

第一条 为加强国家政策性粮食出库管理，确保按质、按量、及时出库投放市场，有效发挥国家政策性粮食在国家宏观调控中的作用，根据《粮食流通管理条例》、《中央储备粮管理条例》和国家有关政策规定，制定本办法。

第二条 通过受国家委托的粮食批发市场，以竞价形式销售的国家政策性粮食出库管理适用本办法。

第三条 本办法所称国家政策性粮食（含食用植物油，下同），包括实行最低收购价和国家临时收储政策收购的粮食、中央储备粮、国家临时储备和临时存储进口粮。

第四条 本办法所称国家政策性粮食承储库（以下简称承储库），包括中国储备粮管理总公司（以下简称中储粮总公司）直属企业（以下简称直属库）、受直属库委托承储国家政策性粮食的非直属企业（以下简称非直属库）。

非直属库按照隶属关系分为中央企业粮库、地方国有粮库和非国有粮库。

第二章 职责分工

第五条 国家粮食行政管理部门负责组织指导地方人民政府粮食行政管理部门对国家政策性粮食出库进行监督检查。

县级以上地方人民政府粮食行政管理部门负责对本地区国家政策性粮食出库进行监督检查，依法查处出库中的违法违规行为，督促承储库履行出库义务，并及时协调处理直属库移交的本地区非直属库出库纠纷。

第六条 国务院发展改革部门会同有关部门研究制定国家政策性粮食出库管理政策制度，并协调处理重大疑难问题。

第七条 中储粮总公司负责组织实施国家政策性粮食出库工作，及时处理中储粮总公司分支机构转来的直属库出库纠纷，确保国家政策性粮食按质、按量、及时出库。

中储粮总公司分支机构代表中储粮总公司具体组织所辖地区国家政策性粮食出库工作，及时处理粮食批发市场转来的本辖区直属库出库纠纷。

直属库具体承担出库工作，指导督促其委托的非直属库开展出库工作，及时处理粮食批发市场转来的其委托的非直属库出库纠纷。

中储粮总公司主要负责人与分支机构主要负责人、分支机构主要负责人与直属库主要负责人应当分别签订出库工作责任状，逐级落实出库责任。责任状具体内容由中储粮总公司统一规定。

第八条 直属库委托非直属库承担国家政策性粮食收储任务，应当与其签订《国家政策性粮食仓储合同》，明确出库义务和责任。《国家政策性粮食仓储合同》样本的具体内容由中储粮总公司统一规定,报国家粮食行政管理部门备案。

第九条 粮食批发市场按照国家有关规定向买方和承储库收取履约保证金,及时协调处理出库纠纷,并向省级粮食行政管理部门报告出库纠纷的处理结果。

第三章 出 库

第十条 国家粮食行政管理部门安排国家政策性粮食销售分地区计划、中储粮总公司提报政策性粮食销售库点,应当符合推陈储新、合理均衡原则,避免出现国家政策性粮食存储时间过短、规定时间内应该出库粮食数量超过承储库实际出库能力等情况。

第十一条 粮食批发市场根据买方付款进度向买方出具《出库通知单》,并通知中储粮分支机构安排承储库发货。买方持《出库通知单》到承储库组织现场验收并监装。直属库按照《出库通知单》和买方与中储粮分支机构签订的购销合同约定,根据《关于执行粮油质量国家标准有关问题的规定》(国粮发〔2010〕178号),对销售出库粮食进行水分、杂质等增扣量,并组织装车、检斤等出库工作。

第十二条 承储库应当履行以下出库义务:

(一)配合买方查验货物,买方自购销合同生效之日起,可到承储库挂拍仓房查验货物,承储库经与粮食批发市场核实购销合同后,应当予以配合。

(二)严格按照购销合同规定的品种、数量、质量、交货时间出库。除不可抗力原因并经粮食批发市场会同中储粮总公司分支机构核实外，不得以任何借口拖延、阻挠出库。

（三）公示并严格执行国家规定的出库费用标准，不得自立收费项目、自定收费标准，也不得向买方收取其他任何费用。

（四）接受粮食行政管理部门的监督检查，按要求报告出库进度及出库过程中的问题。

第十三条 建立国家政策性粮食出库监管员制度。非直属库由直属库指定出库监管员，直属库由中储粮总公司分支机构指定出库监管员。出库监管员为直属库或中储粮总公司分支机构正式员工，其姓名、电话等联系方式应当在购销合同上注明，并在有关粮食批发市场网站上公布。

出库监管员代表派出单位，对国家政策性粮食出库进行全程跟踪，负责统计进度、督促出库、协调处理纠纷等。

第四章　纠纷处理

第十四条 国家政策性粮食出库纠纷，由粮食批发市场根据交易细则自收到投诉之日起在 10 个工作日内先行协调处理。买方和承储库拒不执行交易细则，拒不按照国家规定进行增扣量，故意拖延导致出库纠纷的，由粮食批发市场扣除其履约保证金，暂停或取消其交易资格，并列入粮食批发市场诚信黑名单。

协调处理后仍难以出库的，粮食批发市场应当转交负责该库的出库监管员处理，并交付下列意见和检验结果等资料：

（一）会同中储粮总公司分支机构核实是否因不可抗力影响出库的书面意见。

（二）买方提出竞买粮食质量异议的，由有资质的第三方粮食质量检验机构在买卖双方同时在场的情况下，在承储库挂拍仓房内按规定抽取样品检验后作出的检验结果。

（三）对买卖双方责任的判定意见。

第十五条 出库监管员接到粮食批发市场转来的出库纠纷，应当于当日建立投诉档案，协调纠纷双方意见，并通知承储库企业集团总部（或主管部门）协助督促出库。

出库监管员接到未经粮食批发市场协调处理的出库纠纷投诉的，应当告知先由粮食批发市场协调处理。

第十六条 出库监管员协调、督促出库无效的，自建立投诉档案之日起 3 个工作日内采取以下措施，并将有关处理结果报告上级单位，同时抄送相关粮食批发市场：

（一）除存在不可抗力因素外，对拖延或阻挠出库、索取不合理费用等行为，根据《国家政策性粮食仓储合同》约定采取扣除保证金、取消委托等措施处理。

（二）因粮食质量低于购销合同约定标准导致出库纠纷的，买方愿意接收粮食的，由直属库先行支付质量差价；买方不愿意接收粮食的，终止合同执行，并由直属库先行支付违约金。先行支付的质量差价和违约金，由责任方承担。

采取前款措施后仍难以出库的，属于直属库的出库纠纷，报中储粮总公司处理；属于非直属库的出库纠纷，以书面形式报同级粮食行政管理部门处理，同时交付购销合同复印件、出库进度表、粮食批发市场的判定意见和派出单位处理意见等资料。

第十七条 中储粮总公司接到出库监管员派出单位转来的直属库出库纠纷后，应当在接到出库纠纷之日起 5 个工作日内处理完毕，并将处理结果报告国家粮食行政管理部门。

第十八条　地方人民政府粮食行政管理部门接到出库监管员派出单位转来的非直属库出库纠纷后，应当自接到出库纠纷之日起5个工作日内处理完毕，并将处理结果报告上级粮食行政管理部门。

地方人民政府粮食行政管理部门认为粮食批发市场或出库监管员派出单位不作为或处置不当的，应当首先履行查处违规案件、督促出库的职责，再依法追究相关单位和人员的责任。

第十九条　中储粮总公司分支机构、省级粮食行政管理部门应当对本辖区内出库纠纷定期清理、督办，并每月将有关案件处理情况分别向中储粮总公司和国家粮食行政管理部门报告。

第五章　罚　则

第二十条　承储库违反本办法第十二条规定的，由粮食行政管理部门责令改正，予以警告，可以处20万元以下的罚款；情节严重的，暂停或者取消粮食收购资格；其他法律法规另有规定的，从其规定。

因保管不善，导致粮食质量低于购销合同约定标准影响出库的，承储库应当承担经济损失。承储库是直属库的，由国家粮食行政管理部门责成中储粮总公司对其限期整改。承储库是非直属库的，由直属库根据《国家政策性粮食仓储合同》约定取消委托。中储粮总公司分支机构负责将上述非直属库剩余库存移库。承储库是具备中央储备粮代储资格非直属库的，由国家粮食行政管理部门取消其代储资格。

第二十一条　买方存在本办法第十四条第一款规定情形的，由粮食行政管理部门责令改正，予以警告，可以处２０万元以下的罚款；情节严重的，由粮食行政管理部门暂停或者取消粮食收购资格。

第二十二条　直属库、中央企业粮库和地方国有粮库违反本办法第十二条规定的，按照人事管理权限，由企业集团总部（或主管部门）对其主要负责人、直接责任人给予降级、撤职、开除等处分，并进行通报。

第二十三条　出库监管员不履行职责、协调督促不力，或推诿、拖延处理出库纠纷案件的，由上级单位对派出单位主要负责人通报批评并责令改正；情节严重的，依法给予降级、撤职、开除等处分，并对出库监管员给予相应处分。

第二十四条　粮食批发市场违反本办法规定，未履行及时协调处理出库纠纷职责的，由省级粮食行政管理部门责令改正，并追究直接责任人和主要负责人责任；情节严重的，由国家粮食行政管理部门取消其组织国家政策性粮食竞价交易资格。

第二十五条　县级以上地方人民政府粮食行政管理部门未按《粮食流通管理条例》及本办法规定查处出库纠纷中违规行为的，由上一级主管部门责令改正；情节严重的，建议同级人民政府对其主要负责人给予降级、撤职、开除等处分。

第六章　附　则

第二十六条　定向销售或其他形式销售的国家政策性粮食出库管理，参照本办法有关规定执行。

第二十七条　本办法自发布之日起施行。其它有关竞价销售国家政策性粮食出库的规定、办法、交易规则等，与本办法不一致的，以本办法为准。

关于进一步强化"四个共同"机制切实做好国家政策性粮食收储和监管工作的通知

国粮检〔2015〕202号

各省、自治区、直辖市发展改革委、粮食局、财政厅（局）、物价局、农业发展银行分行，中储粮有关分公司：

为认真落实国务院关于做好国家政策性粮食收储工作的有关批复精神，强化最低收购价和国家临时存储粮食（以下统称"国家政策性粮食"）收储工作的"四个共同"机制，严格落实收储企业执行政策的主体责任，强化粮食行政管理部门和农业发展银行的监管责任，现就有关事项通知如下：

一、明确各环节职责分工

中储粮各有关分公司、省级粮食行政管理部门、农业发展银行省级分行要依据各自职责和分工，共同合理确定收储库点（含委托收储库点和租赁社会库点，下同），共同组织好国家政策性粮食收购入库，共同对收购的国家政策性粮食的数量、质量、库存管理及销售出库等负责，共同落实好国家政策性粮食收储政策。

（一）定点环节

按照小麦和稻谷最低收购价执行预案和玉米临时收储政策的有关规定确定国家政策性粮食的收储库点。中储粮直属企业会同县级粮食行政管理部门和农发行分支机构提出委托收储库点建议名单，并逐级上报。中储粮有关分公司及其直属企业负责审核委托收储库点和租赁库点的仓储设施是否符合条件，清杂、检验、烘干设备、安全设施（保障）、收购信息系统等是否齐全；地方粮食行政管理部门负责审核库点的收购资格、工商注册、仓储单位备案、统计制度和质量制度执行、销售出库管理暂行办法执行、安全生产制度是否健全、是否在收储及销售出库等方面存在违规行为等；农发行分支机构负责审核委托收储库点是否在农发行开户、核实企业提供的人民银行征信系统《企业信用报告》真实性（主要包括：企业近三年有无不良记录、企业在农发行的资产抵押情况、企业对外担保情况）。中储粮有关分公司、省级粮食行政管理部门和农业发展银行省级分行共同组织对收储库点进行空仓验收和资质审核，留取影像资料，对启动前库存粮食进行登记封存，锁定已验收的空仓仓号；在收购启动前要通过电视、报纸、网络等媒体向社会公布已确定的收储库点名单。

（二）启动环节

收购开始前，中储粮直属企业会同地方粮食行政管理部门、农发行分支机构张贴规范统一的政策信息公告，公布受理举报方式，并将有关情况上报中储粮有关分公司、省级粮食行政管理部门和农业发展银行省级分行。当市场粮价低于国家公布的最低收购价格时，中储粮有关分公司会同省级粮食行政管理部门和农业发展银行省级分行及时提出启动最低收购价预案执行时间的建议；当市场粮价回升到最低收购价之上时，及时通知各委托收储企业及其库点停止最低收购价收购。国家临时存储粮食按照国家规定的收购时间启动收购。

（三）收购环节

中储粮和中粮、中纺、中航有关分公司及其直属企业负责具体组织收储库点按照政策规定开展收购活动，制定相关制度和措施，加强对收购业务的全过程管理和业务指导，监督和管理各收储库点根据收购情况和粮食入库进度合规使用收购资金，并将收购资金及时结算给直接售粮人，不得将收购资金挪作他用，不得给售粮农民"打白条"。国家政策性粮食收购承贷企业要根据收购情况和粮食入库进度及时将收购资金预拨给委托收储库点或直接拨付给售粮人，保证收购资金兑付。农发行分支机构负责及时向承贷企业提供收购资金，对收购资金的拨付使用情况进行信贷监管，确保库贷挂钩。地方价格主管部门对收储库点执行收购价格政策情况进行监督检查。地方粮食行政管理部门要积极做好收购的组织协调和监管服务工作，强化对收储库点遵守"五要五不准"收购守则、执行粮食质价政策和粮食统计制度、兑付售粮款等情况的监督检查，组织有关部门检查国家粮食收储政策执行和储粮安全等情况，及时受理群众举报，查处违规行为。

在收购过程中，如出现收储矛盾突出、不能满足农民售粮要求等情况，由地方粮食行政管理部门会同农发行分支机构和中储粮直属企业共同研究提出建议，报送省级粮食行政管理部门、农发行省级分行和中储粮分公司商定解决办法，确保不出现"卖粮难"。

（四）验收环节

国家政策性粮食验收工作由中储粮有关分公司会同省级粮食行政管理部门和农业发展银行省级分行共同组织。收储库点收购入库的粮食，数量由中储粮直属企业会同地方粮食行政管理部门、农发行分支机构共同验收；质量由中储粮有关分公司会同省级粮食行政管理部门和农业发展银行省级分行共同指定符合资质条件的质检机构（包括中储粮分公司质监中心、粮食部门所属质检机构）验收。质检机构出据正式的验收报告，并对验收结果负责。验收报告一式四份，由验收单位和被验收企业（库点）分别留存，须保存至粮食拍卖销售出库。严格验收程序和质量检验，严禁委托被检企业及其收储库点扦样、送样。建立"谁验收、谁扦样、谁负责"的责任追究制。建立验收争议解决机制，及时解决验收争议。

（五）储存和出库环节

严格落实粮食收储企业储粮安全的主体责任。中储粮及其他中央粮食企业要加强对其直属企业及收储库点内部监管，全面落实国家政策性粮食管理到货位的要求，采取有效措施全力确保国家政策性粮食安全储存。实行驻库监管员制度，中储粮直属企业要向每个收储库点（不含三家辅助央企）派驻监管员，张榜公布，备案管理，切实将收储库点的管理责任落到实处，确保国家政策性粮食数量真实、质量良好、储存安全。收储库点所在地粮食行政管理部门、农发行分支机构也要将监管责任落实到人。

委托收储企业及其库点要严格按照《国家政策性粮食出库管理暂行办法》的有关规定，确保国家政策性粮食按要求正常出库。如出现"出库难"问题，属于中储粮直属企业及其租赁库点的，由中储粮有关分公司负责协调处理，有关情况应及时向省级粮食行政管理部门和农业发展银行省级分行通报；不属于中储粮直属企业及其租赁库点的，由地方粮食行政管理部门会同中储粮直属企业、农发行分支机构负责协调处理。对委托收储库点拖延阻挠出库、提高并额外收取出库费、提供质价不符信息等违规行为，由地方粮食、价格等行政管理部门依法给予行政处罚。

二、严肃查处各类违法违规行为

地方粮食行政管理部门、价格主管部门依照《粮食流通管理条例》《价格法》等法律法规，以及最低收购价政策和国家临时收储政策等有关规定承担起监督检查职责，加强对收储库点政策性粮食收购活动的监督检查，及时发现和严肃查处各类违法违规行为，认真受理并核查处理群众投诉和举报案件，对典型案件进行通报。省级粮食行政管理部门要加强对市县粮食行政管理部门监督检查工作的督促指导。农业发展银行对粮款支付违规企业要给予信贷制裁。

对政策性粮食收储库点在收购、验收、储存、出库过程中因违规收购、数量短少、质量不符等造成损失的，属中储粮直属企业及其租赁库点的，由中储粮有关分公司负责协调处理和赔付，由中储粮分公司、农发行分支机构和地方粮食行政管理部门共同追缴收购资金和已拨付的费用利息补贴；属中粮、中纺、中航等中央粮食企业及其租赁库点的，由该企业总部或分支机构负责协调处理和赔付，由所属企业总部或分支机构、中储粮分公司、农发行分支机构和地方粮食行政管理部门共同追缴收购资金和已拨付的费用利息补贴；属其他收储库点的，特别是 2013 年国家临储玉米分贷的地方国有企业和民营企业，由中储粮分公司、农发行分支机构和地方粮食行政管理部门共同追缴收购资金和已拨付的费用利息补贴，造成的损失用当事企业的保证金和其他担保资产进行赔付，赔付不足以弥补损失的，由中储粮分公司、农发行分支机构和地方粮食行政管理部门会同有关部门共同追缴。对上述违法违规行为，地方粮食行政管理部门还要按照《粮食流通管理条例》的有关规定进行处罚。

违规企业属于中储粮直属企业的，中储粮分公司要追究直属企业有关人员的责任；属于地方国有粮食企业的，由地方粮食行政管理部门追究有关人员的责任；属于中粮、中纺、中航等中央企业的，由该企业总部或分支机构追究有关人员责任；属于社会企业的，地方粮食行政管理部门要将其列入黑名单，限制直至禁止其从事政策性业务。涉嫌违法的移交司法机关处理。

三、做好组织协调和保障工作

（一）建立工作协调机制

中储粮有关分公司、省级粮食行政管理部门和农业发展银行省级分行要建立国家政策性粮食收储监管工作协调机制和联席会议制度，及时会商解决收储和监管中出现的矛盾和问题。

（二）强化监督检查和巡查工作机制

政策性粮食收储执行主体承担落实国家政策性粮食收储管理的主体责任，在此前提下，要按照粮食安全省长责任制的要求，落实各级地方粮食行政管理部门的行政监管责任。地方粮食行政管理部门要会同农发行分支机构和中储粮系统，以及价格、工商、公安等部门对辖区内所有政策性粮食收储企业及其库点进行全方位的巡查检查，形成监管合力。同时，按照国务院关于推广"双随机"抽查要求规范事中事后监管，组织好对粮食收购政策执行情况的随机抽查，将监督检查工作延伸到每个收储库点，层层传导压力，全面加强粮食收购活动的事中事后监管。要制定并实施收购检查工作方案，强化人员、物质装备和工作经费等保障措施，规范使用执法文书，完善检查工作日志，详实记载检查的时间、对象、结果以及整改情况等内容，将企业执行国家粮食收购政策情况纳入企业守法诚信评价体系，实行分类监管。

（三）加强层级监督，规范执法行为

省级粮食行政管理部门要结合全面落实行政执法责任制，加强对基层粮食行政管理部门监督检查行政执法工作的层级督查，指导和督促市、县两级粮食行政管理部门严格落实粮食购销市场的监管责任，直接组织对重大举报案件的核查处理，严格做到规范文明公正廉洁执法。对因失察或执法出现严重偏差而发生重大违规事件的，要依法追究相关执法人员责任。国家有关部门将适时对重点地区检查工作开展情况进行抽查。

（四）落实经费保障

执行最低收购价和国家临时收储政策支出的监管费用从中央财政按年对中储粮总公司包干的保管费用补贴中列支。中储粮有关分公司会同省级粮食行政管理部门，根据本省监管工作实际情况研究制定具体经费管理使用办法，确保监管经费足额到位，专项用于国家政策性粮食收购和库存监管，严禁挪用。财政部将会同国家有关部门对监管经费的使用情况进行检查，对截留、挪用国家政策性粮食监管经费的，将依据党纪政纪严肃追究单位主要负责人及直接责任人员的责任。

国家发改委　国家粮食局

中华人民共和国财政部

中国农业发展银行

中国储备粮管理总公司

2015 年 11 月 16 日

附　录

国家临时存储粮食销售办法

关于印发《国家临时存储粮食销售办法》的通知

发改经贸〔2006〕2700号

各盛自治区、直辖市发展改革委、财政厅、粮食局、农业发展银行分行，中储粮有关分公司：

为加强粮食市场的宏观调控，做好国家委托中储粮公司临时存储的粮食（以下简称临时存储粮）销售工作，特制定《国家临时存储粮食销售办法》印发给你们，请按照执行，并就做好临时存储粮销售工作通知如下：

一、充分发挥临时存储粮对市场的调节作用。国家根据市场需求情况，安排临时存储粮在粮食批发市场上常年常时公开竞价销售，保证市场供应，保持粮油市场平稳运行和社会稳定。

二、保持市场粮价在合理水平上基本稳定。临时存储粮的销售，按照顺价销售的原则，根据国家宏观调控需要及市场供求情况确定销售底价，保护农民种粮积极性。

三、方便企业购买。临时存储粮的销售，将提前向社会公布每批销售数量、粮食品质和交割地点。同时国家进一步拓宽临时存储粮销售渠道，方便用户购买。

四、加强市场监督。对参加交易的企业要进行资格审查。各地要加强交易行为的监督，防止不法企业囤积倒卖，维护正常的流通秩序。

五、加强领导。各地方、各部门要按照办法的要求，精心安排，密切配合，切实做好国家临时存储粮销售的各项工作。

国家发展改革委

中华人民共和国财政部

国家粮食局

中国农业发展银行

中国储备粮管理总公司

二〇〇六年十二月一日

为加强粮食市场的宏观调控，做好国家委托中储粮总公司临时存储的粮食（以下简称临时存储粮）销售工作，根据《粮食流通管理条例》和粮食最低收购价执行预案的有关规定，制定本办法。

第一条 国家临时存储粮食指国家指定中储粮总公司执行最低收购价预案收购和国家组织进口，并委托中储粮公司临时存储的粮食。

第二条 销售临时存储粮要有利于保持市场粮价在合理水平上基本稳定，保护农民种粮积极性，满足市场需要，保持粮食市场的稳定。

第三条 临时存储粮采取在粮食批发市场常年常时公开竞价的方式销售，保证市场供应。

第四条 承担临时存储粮竞价销售的粮食批发市场，由国家粮食局根据国家宏观调控需要，按照规范有序、方便客户、保证供应、服务良好、安全高效的要求确定，并负责资格审核。受委托的粮食批发市场可以采取现场交易和网上交易相结合的方式竞价。具体交易细则由国家粮食局另行制定。

第五条 受委托承担临时存储粮竞价销售的粮食批发市场负责进场交易企业的资格审查，按照交易细则规范交易，负责货款结算等有关商务服务，协调解决商务纠纷，并及时向国家发展改革委、财政部、国家粮食局、农业发展银行和中储粮总公司报告交易结果。

第六条 由国家粮食局公告进行竞价销售的交易市场和投放数量，并委托交易市场提前公告粮食品质和交割地点。

第七条 临时存储粮竞价销售底价，由财政部原则上按照最低收购价加收购费用和其他必要费用确定，并根据国家宏观调控需要和市场供求情况择机调整。实际交易价格不得低于公布的销售底价。

第八条 参加竞价交易的企业要按照有关规定向举行竞价交易的批发市场提交申请，并需通过资格审核。参加交易企业必须达到规定数量方可进行竞价交易。

第九条 竞价销售临时存储粮的粮源，由国家粮食局商中储粮总公司根据粮食市场需求情况，把握好销售节奏和力度，优先安排销售仓容紧张、储存条件差、存储时间长的库点粮食。

第十条 中储粮总公司负责提供交易的标的，满足不同客户需要，并作为卖方代表与买方签订成交合同。

第十一条 农业发展银行负责成交粮食的货款结算和贷款回收工作。

第十二条 建立由国家发展改革委牵头、财政部、国家粮食局、农业发展银行和中储粮总公司参加的临时存储粮销售联席会议制度。国家发展改革委负责总体协调临时存储粮销售工作。

第十三条 有关省级粮食行政管理部门应督促本地临时存储粮的代承储库点按出库计划和相关要求及时出库；负责交易过程和交易行为的监管。对违反交易规则进行非法交易、囤积倒卖、破坏流通秩序的，由省级粮食行政管理部门提请当地工商部门查处。

第十四条 受委托组织竞价交易的粮食批发市场违反交易规则的，由国家粮食局取消其承担竞价销售的资格，并按有关规定予以处罚。

第十五条 对不按照合同约定出库的承储企业，由国家粮食局取消其承储资格，按有关规定严肃处理，并提请中央财政停拨利息费用补贴。

粮食收购资格审核管理暂行办法

国家粮食局关于印发《粮食收购资格
审核管理办法》的通知
国粮政〔2016〕207号

各省、自治区、直辖市及新疆生产建设兵团粮食局：

为使市场在资源配置中起决定性作用和更好发挥政府作用，深入推进"放管服"改革，切实保护粮食生产者、消费者和经营者的合法权益，规范粮食收购市场秩序，根据《中华人民共和国行政许可法》、新修订的《粮食流通管理条例》，经商国家工商总局同意，我们对《粮食收购资格审核管理暂行办法》（国粮政〔2004〕121号）进行了修订，现将修订后的《粮食收购资格审核管理办法》印发给你们，请遵照执行。各地可结合本地实际，制定具体操作办法。

国家粮食局

2016年9月14日

第一章 总 则

第一条 为加强对粮食收购资格审核的管理和监督检查，保护粮食生产者和收购者的合法权益，规范粮食收购市场秩序，根据《粮食流通管理条例》等有关法律、行政法规，制定本办法。

第二条　从事向粮食生产者收购粮食以及与粮食收购资格审核管理监督相关的行为，适用本办法。

第三条　粮食收购资格审核和监督检查不得向申请者和被监督检查者收取任何费用。

第四条　直接向粮食生产者收购粮食必须经县级以上粮食行政管理部门（以下称审核机关）审核资格，取得粮食收购资格，并向工商行政管理部门（以下称登记机关）登记。

第五条　审核粮食收购资格应遵循公开、公正、公平、便民、高效的原则。

第六条　国家粮食行政管理部门负责全国粮食收购资格审核的管理和监督检查工作。地方粮食行政管理部门负责本辖区内的粮食收购资格审核的管理和监督检查工作。

第二章　资格条件

第七条　申请从事粮食收购的法人和其他经济组织，必须具备以下条件：

（一）具备经营资金筹措能力；

（二）拥有或通过租借具有必要的粮食仓储设施；

（三）具备相应的粮食质量检验、保管能力。

省级粮食行政管理部门按照既要鼓励多种所有制市场主体从事粮食经营活动，搞活粮食流通，又要维护正常的粮食流通秩序，加强和改善宏观调控；既要有利于全国统一开放、竞争有序的粮食市场体系的形成，又要符合本地实际情况；既要符合我国有关法律法规，又要遵循世界贸易组织有关规则的原则，并应与毗邻地区协调、衔接，提出粮食收购资格的具体条件，报省级人民政府批准、公布。

第八条 凡常年收购粮食并以营利为目的，或年收购量达到50吨以上的个体工商户，必须取得粮食收购资格。年收购量低于50吨的个体工商户从事粮食收购活动，无须申请粮食收购资格。

个体工商户申请粮食收购资格的条件是须具备筹措经营资金3万元以上的能力。

第三章 资格申请与审核

第九条 尚未登记的新设法人、其他经济组织和个体工商户，申请粮食收购资格，应向与其设立时应到的登记机关同级的粮食收购资格审核机关提出申请，审核合格后进行工商登记。

已在工商行政管理部门登记的，申请粮食收购资格，应向与其设立时所到的登记机关同级的粮食收购资格审核机关提出申请，审核合格后到登记机关进行变更登记。

中央直属企业所属企业收购粮食，应到其登记机关同级的粮食收购资格审核机关申请资格。

第十条 粮食收购资格审核机关应在其办公地或其他公开场所公布申请粮食收购所需的全部申请材料，明示申请和审核程序及期限等有关信息，提供有关申请材料的填写示范文本。

粮食收购资格审核机关不得要求申请者提供与收购资格审核无关的材料，对申请者提供的涉及商业秘密的材料，审核机关应依法保密。

申请者对粮食收购资格审核机关公示的有关粮食收购资格审核的事项、依据、条件、程序、期限以及需要提交的全部材料的目录和资格审核示范文本内容有疑义的，有权要求审核机关予以说明、解释。审核机关对申请人提出的问题，应当提供准确、可靠的信息。

第十一条 粮食收购资格申请者可以亲自到审核机关办理，也可以委托有关组织和个人进行；可以将有关材料直接送达，也可以通过信函、电报、电传、传真方式提出申请。

有条件的地方，可以采取电子政务方式进行粮食收购资格的申请和审核。

第十二条 申请粮食收购资格时，须向审核机关提交下列书面材料：

（一）法定代表人（负责人）身份证复印件；

（二）营业执照或工商行政管理机关核发的《企业名称预先核准通知书》（仅限新设企业）复印件；

（三）资信证明；

（四）经营场所产权证明或有效租赁合同；

（五）有关检验、化验仪器和设施证明材料。

原来从事粮食收购业务的经营者须同时提交上一年度粮食购销情况年报表。

第十三条 对属于本机关受理范围内的审核事项，审核机关应及时对申请者提交的材料目录及材料格式进行形式审查。

对于申请材料齐全，符合法定形式，审核机关能当场作出受理决定的，应当场作出决定；不能当场作出受理决定的，必须在自接到申请后的五个工作日内作出是否受理的决定。逾期不作出决定的，视为受理。

对申请者提交的材料存在错误、不齐全或不符合法定形式的，可以当场修改的，应允许申请者当场进行修改和完善；不能当场修改完善的，应一次告知申请者需要修改完善的内容。

无论受理与否，审核机关都必须向申请者出具加盖本机关印章和注明日期的书面凭证。

第十四条 自受理申请之日起，审核机关应根据本办法第七条、第八条规定的条件对申请者报送的材料进行审查。

如有必要，审核机关可以对申请者的经营场所、仓储设施、检验仪器和设施进行实地核查；也可以对申请者提供的有关专业人员进行询问。

第十五条 审核机关自受理之日起，须在十五日内向申请者作出答复。符合规定条件者，应发给《粮食收购许可证》；认为申请者条件不符的，应向申请者作出书面说明，并告知申请者依法享有申请行政复议或者提起行政诉讼的权利。

逾期不向申请者提供书面通知的，视为授予资格。

审核机关应定期将审核结果在指定的媒体或场合公示。

第十六条 审核机关工作人员办理粮食收购资格审核时，不得索取或者收受他人财物，不得牟取其他利益。

第十七条 《粮食收购许可证》的格式文本由国家粮食行政管理部门统一规定，由省级粮食行政管理部门印制。

粮食收购资格由国家粮食行政管理部门受理的，有关粮食收购资格的申请、受理等材料的格式文本由国家粮食行政管理部门规定、印制。

粮食收购资格由地方粮食行政管理部门受理的，有关粮食收购资格的申请、受理等材料的格式文本由省级粮食行政管理部门统一规定、印制。

第十八条 粮食收购资格在全国范围内有效。

粮食收购者从事跨地区粮食收购的，只需持有效粮食收购资格证明副本和营业执照副本到收购地县级粮食行政管理部门和工商行政管理部门备案，即可从事粮食收购活动。收购地粮食行政管理部门不得再审核资格，不得有任何歧视行为。

第十九条 本办法实施前批准的粮食收购者，可继续从事粮食收购活动；但应在本办法实施后的三个月内重新向审核机关申请粮食收购资格，经审核未取得粮食收购资格的，不得再继续从事粮食收购活动。

第四章 监督检查

第二十条 粮食行政管理部门应当根据国家要求，对粮食收购资格进行核查。

第二十一条 上级粮食行政管理部门应加强对下级粮食行政管理部门实施粮食收购资格审核的监督检查，及时纠正粮食收购资格审核中的违法行为。

地方各级粮食行政管理部门应在每季度结束后十日内将本辖区内的上一季度的粮食收购资格审核情况报上一级粮食行政管理部门备案。

第二十二条 粮食行政管理部门依照法律、行政法规规定的职责对下列内容进行监督检查：

（一）粮食收购者是否具备粮食收购资格；

（二）粮食收购者《粮食收购许可证》所登记的内容有无重大变化；

（三）粮食收购者有无涂改、倒卖、出租、出借的《粮食收购许可证》的行为；

（四）粮食收购者是否遵守国家有关法律、法规和粮食收购政策。

第二十三条　粮食行政管理部门可以通过要求粮食收购者报送书面资料的方式，也可以采取实地检查等方式对在本辖区内从事粮食收购活动的经营者进行监督检查，查处粮食收购者在收购活动中的违法行为。

第二十四条　粮食行政管理部门依法对粮食收购者从事粮食收购活动进行监督检查时，应当将监督检查的情况和处理结果予以记录，由监督检查人员签字后归档。

粮食行政管理部门应定期公布监督检查情况。

第二十五条　粮食行政管理部门实施监督检查，不得妨碍粮食收购者正常的经营活动，不得索取或者收取被检查人的财物，不得牟取其他利益。

第二十六条　粮食收购者必须积极配合粮食行政管理部门的监督检查，并有权拒绝监督检查过程中的任何违法与非法要求。

第二十七条　粮食收购者在其资格授予机关辖区外从事粮食收购活动的，应接受其收购活动所在地的粮食行政管理部门的监督检查。

收购活动所在地的粮食行政管理部门应当将监督检查情况、处理结果抄告该收购者的资格审核机关。

粮食收购者违法经营，按规定需要取消粮食收购资格的，应由其资格审核机关作出决定。

第二十八条　粮食收购者有下列行为之一的，情节严重的，由审核机关暂停或取消其收购资格：

（一）粮食收购者未执行国家粮食质量标准的；

（二）粮食收购者有关情况发生重大变化，不符合本办法第七条、第八条规定条件的；

（三）粮食收购者被售粮者举报未及时支付售粮款的；

（四）粮食收购者违反《粮食流通管理条例》规定代扣、代缴税、费和其他款项的；

（五）粮食收购者未按规定报送有关粮食收购数据的；

（六）接受委托的粮食经营者从事政策性用粮的购销活动未执行国家政策的。

第二十九条　对粮食行政管理部门的处理决定不服的，可依法向同级人民政府或上一级粮食行政管理部门申请行政复议或提起行政诉讼。

第三十条　各级粮食行政管理部门应及时将监督检查总结报告报送上一级粮食行政管理部门。

第三十一条　各级粮食行政管理部门、工商行政管理部门应当建立粮食收购监督检查通报机制。

粮食行政管理部门应及时把取消粮食收购资格的法人、其他经济组织或个体工商户告知同级工商行政管理部门，由工商行政管理部门进行变更或注销登记。

第三十二条　任何单位和个人发现粮食收购者违法从事粮食收购活动，有权向收购活动所在地粮食行政管理部门、工商行政管理部门等有关部门举报。有关部门应当及时核实、处理。

对举报人要求保密的，有关部门必须为举报人保密，维护其合法权益。

第五章 附 则

第三十三条 省级粮食行政管理部门可根据本地情况制定具体实施细则，报省级人民政府批准。经省级人民政府批准的实施细则，由省级粮食行政管理部门报国家粮食行政管理部门备案。

第三十四条 本办法中"以上"、"…内"包含本数。

第三十五条 本办法由国家粮食行政管理部门、国家工商行政管理部门负责解释。

第三十六条 本办法自公布之日起施行。

粮食收购资金筹集和兑付
管理暂行办法

国家粮食局关于印发《粮食收购资金筹集和
兑付管理暂行办法》的通知
国粮财〔2015〕208 号

各省、自治区、直辖市粮食局，中国储备粮管理总公司、中粮集团有限公司、中国中纺集团公司、中航工业集团公司：

为进一步加强粮食收购资金筹集和兑付管理，杜绝在粮食收购活动中因资金筹集不到位、兑付不及时等给农民"打白条"现象的发生，切实维护售粮农民利益，着力促进种粮农民增产增收，保障国家粮食安全，特制定实施《粮食收购资金筹集和兑付管理暂行办法》。现印发各地，请遵照执行。

特此通知。

国家粮食局

2015 年 11 月 25 日

第一章　总　则

第一条　为进一步加强粮食收购资金筹集和兑付管理，规范粮食流通秩序，杜绝在粮食收购活动中因资金筹集不到位、兑付不及时等给农民"打白条"现象的发生，切实维护售粮农民利益，着力促进种粮农民增产增收，根据《粮食流通管理条例》等规定，制定本办法。

第二条　在中华人民共和国境内从事粮食收购活动，应当遵守本办法。

第三条　从事粮食收购活动，要严格遵守"五要五不准"粮食收购守则，即"要敞开收购，随到随收，不准折腾农民；要公平定等，准确计量，不准克扣农民；要依质论价，优质优价，不准坑害农民；要现款结算，不打白条，不准算计农民；要优质服务，排忧解难，不准怠慢农民"。

第二章　粮食收购资金筹集

第四条　地方各级粮食行政管理部门要加强行业管理，指导粮食收购者及时、足额筹集粮食收购资金，确保粮食收购工作顺利进行。

第五条　对启动最低收购价和临时收储等政策性粮食收购预案的地区和粮食品种，各级粮食行政管理部门及收储企业要主动加强与当地农业发展银行、中储粮分公司及其直属企业等单位的沟通协调，严格按照预案规定，切实保障政策性粮食收购资金及时足额到位。

第六条　对没有启动政策性粮食收购预案的地区和粮食品种，各地粮食行政管理部门要指导辖区内粮食企业科学研判市场形势，多渠道筹集粮食收购资金，积极入市收购。

第七条　积极探索发展粮食融资担保等业务，努力破解基层粮食企业融资困难问题，支持企业增强活力、搞活经营，为保障粮食收购、促进种粮农民增收奠定基础。

第三章 政策性粮食收购资金兑付

第八条 严格按照最低收购价和临时收储粮食执行预案等政策规定，合理确定政策性粮食委托收储库点，并根据企业不同情况，落实履约保证金、抵押或担保等风险防控措施，从源头上防范粮食收购资金兑付风险。

第九条 租赁社会仓容要按照《国家发展和改革委员会、国家粮食局、财政部、中国农业发展银行关于印发〈租赁社会粮食仓储设施收储国家政策性粮食的指导意见（试行）〉的通知》（国粮检〔2015〕51号）等有关规定，严格租赁库点的审核和确认。对纳入当年政策性粮食收购库点的租赁企业，要在收购工作开始前向社会公布。

第十条 在政策性粮食收购活动中，承租企业必须派人直接收购、保管，并承担粮食质量、等级验收和收购资金兑付等责任。

第十一条 严禁假租仓实委托，承租企业不得将政策性粮食收购资金拨付给租赁企业，由其代为支付售粮款。对因假租仓实委托出现挤占挪用、"打白条"等问题的，应追究承租企业主要负责人和相关人员的责任。

第十二条 按照最低收购价和临时收储粮食执行预案和政策性粮食信贷等政策规定，积极主动协调当地农业发展银行及时足额发放贷款。对统一承贷的中储粮直属企业等实行"一次审批、分次发放"，并由其根据收购情况和入库进度及时预付给委托收储库点，保证收购资金供应，保证农民售粮时企业随收随付。

第十三条 对于没有中储粮直属企业等的市（地）区域，可指定合规的委托收储企业承贷，防止出现农民"卖粮难"和"打白条"。逢节假日或特殊情况，企业要提前与农业发展银行开户行沟通协调，做好信贷资金安排，确保粮食收购资金供应不断档。

第十四条 政策性粮食收购资金要封闭运行，专款专用，严禁挪作他用。

第十五条 执行政策性粮食收购任务的收储库点，要在收购场所显著位置张榜公布政策性粮食收购有关质价政策等信息。当场如实填写统一规范的收购凭证，凭证所列重量、等级、水分、杂质、单价等内容必须填写齐全，不得二次填写收购凭证。

第十六条 收储库点根据收购发票和结算单等凭证，及时、足额、当场向售粮农民直接兑付粮款，"一手粮、一手钱、现款结算"，严禁"打白条"，严禁代扣、代缴税、费和其他款项。

第十七条 在具备条件的地方可根据农民要求通过网银等方式结算。中储粮直属企业直接对农民网银结算的，应当提高工作效率，缩短网络审核、支付时间，确保农民在交售粮食当日足额收到售粮款。

第四章　市场自主收购粮食资金兑付

第十八条 规范粮食收储企业和粮食经纪人的自主收购粮食行为，督促粮食买卖双方按照"自愿、平等、公平、诚信"的市场原则进行交易。

第十九条 粮食收储企业和粮食经纪人要及时向售粮者支

付售粮款，"一手粮，一手钱，不打白条"，防止发生拖欠农民售粮款、以"高息"为诱饵骗取农民售粮款等违规违法行为。

第二十条 按照《国家粮食局关于积极稳妥推进"粮食银行"健康发展的意见》（国粮财〔2014〕128 号），进一步加强对"粮食银行"等新型粮食经营业态的指导，强化经营管理，完善风险防控措施，杜绝发生坑农害农等问题。

第五章 行业管理和监督检查

第二十一条 各地要认真贯彻落实粮食安全省长责任制，加强行业管理，指导和督促辖区粮食企业和粮食经纪人认真执行国家各项粮食购销政策，进一步加强粮食收购资金筹集和兑付管理。

第二十二条 加大对粮食收购政策，特别是粮食收购质价政策和粮款兑付政策的宣传力度，增强售粮者的资金风险防范意识和维权意识。

第二十三条 加强监督检查，对粮食收购者拖欠农民售粮款、"打白条"，以及代扣、代缴税、费和其他款项的，根据《粮食流通管理条例》有关规定进行处罚；对违规企业负责人和相关责任人员，依据党纪政纪严肃问责，切实保护售粮农民利益，维护正常粮食流通秩序，保障国家粮食安全。

第六章 附 则

第二十四条 本办法自印发之日起施行。

省际间粮食收购价格衔接办法

（2000 年 5 月 9 日，国家发展计划委员会发布）

一、为做好毗邻地区省际间粮食收购价格衔接工作，共同维护粮食收购市场秩序，促进粮食有序流通，制定本办法。

二、本办法适用于列入定购或保护价收购范围的主要粮食品种收购价格政策的省际间衔接工作。

三、制定和衔接定购价和保护价，要有利于农民获得合理收益，保护农民生产积极性；有利于优化粮食种植结构，促进粮食总量和结构平衡；有利于国有粮食购销企业实现顺价销售，减轻财政负担；有利于促进粮食合理流通，维护粮食收购市场秩序。

四、粮食收购价格衔接的主要内容是：小麦、稻谷、玉米三大主要粮食品种的定购价和保护价水平、品种差价、等级差价、季节差价、地区差价及相关收购政策等。

五、粮食收购价格衔接是各省（自治区、直辖市）制定粮食收购价格政策的必经步骤，未经衔接各地不得自行出台价格政策。价格衔接分夏粮和秋粮两次进行。各省（自治区、直辖市）要于新粮上市收购二十天前完成与毗邻地区的价格衔接工作。

六、粮食收购价格衔接按品种分区域进行。

稻谷收购价格的衔接区域划分为东北区、湖广区、江淮区、西南区。东北区包括辽宁、吉林、黑龙江、内蒙古四省（自治

区）；湖广区包括湖北、湖南、广东、广西、江西、福建六省
（自治区）；江淮区包括江苏、安徽、浙江、上海四省（直辖
市）；西南区包括四川、重庆、贵州、云南四省（直辖市）。

小麦收购价格的衔接区域划分为北方区、西北区。北方区
包括北京、天津、河北、山西、内蒙古、山东、河南、江苏、
安徽九省（自治区、直辖市）；西北区包括陕西、甘肃、宁夏、
青海、新疆五省（自治区）。

玉米收购价格的衔接区域划分为东北区、北方区、西北区。
各区域成员同上。

七、粮食收购价格的衔接，采取召开衔接会议的形式。价
格衔接会议，由区域内各省（自治区、直辖市）人民政府轮流
负责召集并主办。主办省（自治区、直辖市）可在征求各成员
单位意见的基础上，根据需要邀请本区域外其他省（自治区、
直辖市）参加。

八、粮食收购价格衔接会议由本区域内各省（自治区、直
辖市）人民政府领导及价格主管、粮食管理等部门的负责同志
参加。

九、为保持各区域之间粮食收购价格水平的大体衔接，各
粮食品种的主要生产区域或收购比较早的区域要首先召开会议
进行衔接，其他区域按照与其保持合理差价的原则进行衔接。
稻谷收购价格由湖广区首先衔接。小麦和玉米收购价格由北方
区首先衔接。相邻区域也可以联合召开会议共同衔接。

十、在粮食收购价格衔接会议上，各省（自治区、直辖市）
要在充分交流粮食产销及成本价格情况，分析粮食供求形势和
价格走势的基础上，按照国家确定的粮食收购价格安排原则，

协商确定主要粮食品种的收购价格及相关政策。在衔接会议前，价格主管部门要认真做好价格衔接的基础工作，及时收集资料、沟通情况，当好参谋。

十一、在粮食收购价格衔接会议上，与会各省（自治区、直辖市）不能就粮食收购价格的价格水平、地区差价、品种差价、等级差价、接壤地带价格安排等事项形成一致意见时，由国家计委负责协调。在粮食收购价格水平等重大事项上意见分歧较大时，由国家计委报请国务院协调解决。

十二、粮食收购价格衔接会议确定的价格衔接意见，以会议纪要的形式，由参加会议的各省（自治区、直辖市）人民政府代表签署，报国家计委备案。

十三、区域内各省（自治区、直辖市）在具体制定粮食收购价格政策时，必须遵守衔接会议上协商确定的意见，不得自行变动。被邀请参加会议的区域外相邻省（自治区、直辖市），在具体制定粮价政策时，要把会议衔接意见做为重要参考。

十四、粮食收购价格衔接会议后，各省（自治区、直辖市）应在十天内对外公布粮食收购价格政策。

十五、因出现未曾预料到的特殊情况，某一省（自治区、直辖市）确需改变衔接会议上协商确定的有关事项时，应事先主动与参加衔接会议的其他省（自治区、直辖市）沟通，形成一致意见后方可变动，并报国家计委备案。不能取得一致意见时，按本办法十一条办理。

十六、国家计委负责省际间粮食收购价格衔接的指导工作。每次衔接会议前后，主办省（自治区、直辖市）价格主管部门要向国家计委汇报会议准备及衔接情况。

十七、各省（自治区、直辖市）不得有下列违反粮食收购价格衔接办法的行为：

（一）未经与毗邻省（自治区、直辖市）衔接，自行出台粮食收购价格政策，造成毗邻省（自治区、直辖市）在制定或执行粮食价格政策时被动的；

（二）在粮食开始收购二十天前，主办省（自治区、直辖市）不积极组织召开衔接会议或成员省（自治区、直辖市）拒不参加衔接会议，影响衔接工作顺利进行的；

（三）在具体制定粮食收购价格政策时，未经与其他省（自治区、直辖市）沟通并取得一致意见，自行改变衔接会议上协商确定的有关事项的；

（四）不在规定时间内公布粮食收购价格政策的。

十八、各地对粮食收购价格衔接意见的落实情况，要列入粮食流通体制改革执法检查的重要内容。对违反本办法的行为，视情节轻重予以下处理：

（一）由国家计委明令纠正；

（二）由国家计委予以通报批评；

（三）由国家计委报请国务院予以通报批评；

（四）由国家计委报请国务院追究有关领导人员的行政责任。

十九、本办法自发布之日起实行，由国家计委负责解释。

关于进一步加强国家政策性
粮食出库管理工作的通知

国粮检〔2016〕12号

各省、自治区、直辖市及新疆生产建设兵团发展改革委、粮食局、财政厅（局）、农业发展银行分行、中国储备粮管理总公司、中粮集团有限公司、中国中纺集团公司、中航工业集团公司：

为进一步加强国家政策性粮食销售出库管理，督促和指导粮食企业严格执行国家政策性粮食销售的有关规定，依法治理各种形式的"出库难"，确保国家通过粮食交易中心拍卖的粮食按照合同约定的数量、质量及时投放市场，现就有关事项通知如下。

一、加强组织领导

各省（区、市）要成立由省级粮食行政管理部门、中储粮分支机构、农发行分支机构、省国家粮食交易中心（以下简称粮食交易中心）共同参与的联席机构，并在省级粮食行政管理部门指定相关处室负责日常的协调工作，切实加强对国家政策性粮食销售出库的组织领导，细化责任分工，密切协调配合，履行好监督管理的职责。各地要结合本通知要求和当地实际情况制定实施细则，组织、督促、指导承储企业严格执行《国家政策性粮食出库管理暂行办法》等法规政策要求，切实建立粮食销售工作的长效管理机制。

二、落实督导措施

（一）摸清拍卖标的底数

中储粮分支机构在各批政策性粮食拍卖前将拍卖计划抄送省级粮食行政管理部门，并安排有关直属库对拟拍卖粮食的数量、质量、出库条件等情况进行全面核实，分贷分还的政策性粮食拍卖前由中储粮直属企业会同地方粮食行政管理部门、农发行分支机构共同进行摸底，并由中储粮分支机构备案。发现问题的要提前补救，确保向粮食交易中心提报的拍卖标的信息真实、准确，杜绝"空单拍卖"、标实不符、不具备出库条件的粮食挂单等问题。

（二）加强信息沟通

粮食交易中心要切实履行好组织交易、协调出库和资金结算职责，每周要向省级联席机构单位报送本省粮食拍卖成交、开具出库单、实际出库进度、违约毁约、资金结算以及出库纠纷处理等信息。省级粮食行政管理部门要及时将上述信息分解下发至出库粮食所在地市级粮食行政管理部门，由市级粮食行政管理部门将出库监管任务分配到位。市级粮食行政管理部门每月向省级粮食行政管理部门报送辖区内政策性粮食销售出库监管情况报告，出库过程中出现的违规问题连同处理结果以清单形式一并报送。

（三）强化监督指导

市、县级粮食行政管理部门要会同中储粮直属库和农发行分支机构切实加强粮食出库管理，建立经常性巡查制度，及时受理投诉、协调纠纷，争取把各类问题解决在初始阶段。中储粮直属库和各分贷主体要对政策性粮食销售出库负主体责任，认真落实出库监管制度，加强对出库工作的现场督导，协调解决好各类矛盾和问题。粮食拍卖成交后，中储粮总公司委托各地分公司或承贷企业及时与购买方签订交易合同，做好粮食出库准备，配合买方查验粮食数量、质量情况。粮食交易中心要严格按政策规定办理交易手续，维护交易秩序，加强对合同执行情况的监控和指导，根据粮食出库履约进度为买卖双方及时办理货款结算，及时向省级联席机构报送交易信息、实物交割进度、资金结算情况，反馈合同执行中出现的问题，积极配合地方粮食行政管理部门、中储粮和农发行系统加强对出库工作的督导。

（四）妥善处理纠纷

粮食出库过程中出现纠纷，经粮食交易中心及出库点监管方协调无效时，由市级粮食行政管理部门、中储粮直属库会同粮食交易中心召集买卖双方进行协调，按政策规定现场提出处理意见，督促买卖双方作出书面承诺并监督落实；负责协调的市级粮食行政管理部门、中储粮直属库无法达成一致处理意见的，将有关情况书面提请省级联席机构，按照"纠纷必有责、有责必追究"的原则，提出对买卖双方的处理意见，追究协调不力的责任。政策性粮食拍卖成交后，因不可抗力导致终止合同的，由国家粮食交易协调中心指导所在地省粮食交易中心进行现场勘查取证，复核有关情况后提出规范性判定意见。

三、加大惩治力度

各地要公布举报电话，受理群众举报投诉。政策性粮食出库过程中发生的违规行为要依法依规从严查处，追究责任，确保成交粮食及时顺畅出库，维护正常的粮食流通秩序。

（一）市、县粮食行政管理部门直接或间接参与设置出库障碍，包庇、纵容、袒护违规行为，以及因其他原因履职不到位导致出库纠纷的，由上一级粮食行政管理部门通报批评并责令改正，按人事管理权限提请有关部门对主要负责人、直接责任人进行行政纪律处分；造成经济损失无法挽回的，依法追究相关责任。中储粮直属库存在以上行为的，由所在地省级粮食行政管理部门将有关情况通报中储粮分支机构，责成比照上述规定落实处理措施。省级粮食行政管理部门、中储粮分支机构有以上行为的，由国家粮食行政管理部门会同中储粮总公司提出处理意见。

（二）承储企业设置出库障碍、额外收取费用导致粮食不能正常出库，以及提报的拍卖标的数量、质量、出库条件信息与实际情况不符导致纠纷的，按《粮食流通管理条例》规定由所在地粮食行政管理部门责令改正，给予罚款等行政处罚。属于国有企业的，按人事管理权限提请有关部门对主要负责人、直接责任人进行行政纪律处分。企业拒不接受协调或拒不执行处理决定的，由中储粮分支机构停拨保管费用补贴，请有权机关协助出库已成交的政策性粮食，并对该企业库存的其他政策性粮食进行移库处理；粮食行政管理及相关部门依法取消其粮食收购资格和政策性粮食承储资格；农发行分支机构、中储粮分支机构和地方粮食行政管理部门按照"四个共同"原则，追缴违规企业贷款；农发行暂停其贷款资格；粮食交易中心扣除其履约保证金。

（三）买方企业拒不执行政策规定、交易规则，拒不接受协调或拒不执行处理决定，违背诚信、歪曲事实导致出库纠纷及违约、合同终止的，由粮食交易中心扣除其履约保证金，暂停或取消其交易资格；粮食行政管理部门责令改正，予以警告，并按规定给予罚款等行政处罚；情节严重的，由粮食行政管理部门依法暂停或者取消粮食收购资格。

（四）粮食交易中心违反有关规定，未履行及时协调处理出库纠纷职责或未按政策规定操作，以及直接或间接参与设置出库障碍，包庇、纵容、袒护违规行为，由省级粮食行政管理部门责令改正，并追究直接责任人和主要负责人责任；造成经济损失无法挽回的，依法追究相关责任。情节严重的，由国家粮食行政管理部门暂停国家政策性粮食竞价交易任务。

（五）各省级粮食行政管理部门每月对本辖区粮食出库中发生的违规问题及处理情况进行汇总，将违规企业列入不良信用黑名单，在全省范围内进行通报并在政务网站公告，相关情况报国家粮食局（监督检查司）备案。联席机构成员单位及发展改革、财政等有关部门要加强对列入黑名单企业在申领贷款、投资政策优惠和政策性收储资格等方面的管控，形成监管合力。

四、其他

定向销售或其他形式销售的国家政策性粮食出库管理，参照本通知有关规定执行。

国家发改委　国家粮食局
中华人民共和国财政部
中国农业发展银行
2016 年 1 月 18 日

租赁社会粮食仓储设施收储国家政策性粮食的指导意见（试行)

关于印发《租赁社会粮食仓储设施收储国家政策性粮食的指导意见（试行)》的通知

国粮检〔2015〕51号

各省、自治区、直辖市发展改革委、粮食局、财政厅、农业发展银行分行，中国储备粮管理总公司、中粮集团有限公司、中国中纺集团公司：

为有效利用社会粮食仓储设施，缓解部分地区国有或国有控股粮食企业仓容不足的矛盾，确保国家粮食收购政策落实和政策性粮食储存安全，国家发展和改革委员会、国家粮食局、财政部和中国农业发展银行制定了《租赁社会粮食仓储设施收储国家政策性粮食的指导意见（试行)》，现印发给你们，请遵照执行。

国家发展和改革委员会
国家粮食局
中华人民共和国财政部
中国农业发展银行
2015年4月1日

社会资本建设的粮食仓储设施是国家粮食仓储设施的重要补充。为有效利用社会粮食仓储设施,缓解部分地区国有或国有控股粮食企业仓容不足的矛盾,确保国家粮食收购政策落实和政策性粮食储存安全,现就规范国家政策性粮食收储主体租赁社会粮食仓储设施提出以下意见。

一、总体要求

(一)在认真落实国家粮食最低收购价执行预案和临时收储政策的基础上,进一步发挥市场调节机制作用,通过制度保障规范租赁社会粮食仓储设施收储政策性粮食行为,充分利用社会资源完成国家宏观调控任务。

本意见所指政策性粮食,包括国家临时储存(备)粮、最低收购价粮,不包括中央储备粮。符合条件的中国储备粮管理总公司以及受中储粮总公司委托承担收储任务的中粮集团、中纺集团等中央粮食企业集团直属企业可作为承租企业租仓收储。

(二)承租企业租赁社会粮食仓储设施收储政策性粮食,必须派人直接收购、保管,承担收储义务、收储费用和收储责任,对粮食和租赁设施进行封闭管理,对粮食数量、质量、库存管理、储粮安全、生产安全和销售出库负全部责任。

(三)中储粮总公司及受其委托承担收储任务的中央粮食企业要正确处理防范管理风险与方便种粮农民售粮的关系,合理确定委托收储库点和租赁库点,不得因收储库点不足出现农民卖粮难。

(四)以县为单位,只有在当地符合条件的委托收储库点全部启动后仓容仍不能满足收储需要时,承租企业才能租赁符合本意见规定要求的社会仓容。受委托的中央粮食企业要按政策规定控制租仓储粮规模。

（五）地方政府及有关部门应加强对承租企业租赁社会仓储设施收储国家政策性粮食的业务指导，强化对租赁库点收购、储存和销售出库等环节的监督检查，有效防范储粮安全隐患和管理风险。

二、资格审核和确认基本流程

（六）出租企业（租赁库点）应具备以下条件：

1. 具有独立法人资格，在工商部门注册登记，且在有效期内。具有粮食收购资格，在粮食行政管理部门履行粮油仓储单位备案手续，按规定执行粮食流通统计制度。

2. 企业资信良好，无不良经营记录（其中，承担过政策性粮食收储任务的企业，未发生过违规违纪、拖延阻挠出库等行为）；无较大及以上储粮安全事故或安全生产事故记录。列入工商异常名录或"黑名单"的企业，不得作为租赁库点。

3. 产权清晰，无债权债务纠纷。企业无其他对外抵押、质押等担保行为（农发行贷款抵、质押除外），资产无其他法律风险，资产负债率不高于70%。

4. 拥有拟出租设施附着土地的使用权，且使用权剩余期限不短于拟租赁时限，原则上不短于3年。

5. 出租企业必须是资产所有者，不得是转租单位。

6. 拟出租的仓储设施应符合国家相关建设标准和设计规范，报建和验收手续齐全。仓房条件符合《粮油仓储管理办法》和《粮油储藏技术规范》，用于出租仓容规模一般在1万吨以上；配备烘干设施（东北地区），除配备大吨位汽车衡（称重能力 30 吨以上）外同时配备可移动式磅秤，不少于 2 套输送设备，清杂整理能力不低于 15 吨/小时，具备粮食水杂、等级和储存品质等检验设备；配备与预计收购数量相当的机械通风和电子检温等粮情检测能力；能够为承租方提供正常工作、生活条件。

7. 租赁库点所处位置符合防火、防汛、防污染等安全要求，不得位于低洼易涝、行洪区，库区及周边 1 千米内无易燃、易爆、有毒危险品和污染源；库区封闭，院内布设监控设施，实现监控全覆盖且功能正常；仓储设施设备和附属设施设备符合国家安全标准；消防、用电、排水及建设手续符合国家和地方要求，通过有关部门验收。

8. 优先使用具有中央储备粮代储资格的社会粮食仓储设施和 2014-2015 年国家资助建设的社会粮食仓储设施。

（七）承租企业应符合以下要求：

1. 具备开展政策性粮食租仓收储的管理能力。粮食收购、销售出库期间向每个储粮库点派出不少于 5 名在职工作人员，具体负责租赁库点粮食质量和储存品质检验、检斤、票据复核、粮款结算等关键环节的业务；检化验人员应具备相应的国家职业资格，且人员数量应与收购粮食数量相匹配。储存保管期间按每万吨粮食不少于 1 人，且每个储粮库点不少于 5 人的标准直接派出包括仓储、安全等职能的管理团队，负责日常粮食保管。承租企业应于收储工作启动前将向租赁库点派出的工作人员名单及其岗位职责等情况报租赁库点所在地粮食行政管理部门备查。

2. 开展租仓收储活动一般不得跨地（市）行政区域，同一年度不得与其他承租企业在同一库点开展租仓收储活动。对特殊情况需跨地（市）承租的，由中储粮分公司会同省级粮食部门和农发行省级分行共同确定。

3. 承租企业名单由受中储粮公司委托的中央粮食企业集团总部和中储粮有关分公司报中储粮总公司，中储粮总公司应于收购启动前通过媒体向社会公布，并报国家粮食局、财政部和中国农业发展银行备案。

（八）租仓收储库点的确认流程

1. 符合第六条规定拟出租企业自愿向承租企业提出申请，提交有关证明材料，并对材料的真实性负责。

2. 承租企业要对拟出租企业的资信状况进行尽职调查，并将调查审核结果向社会公示。

3. 承租企业应将公示无异议的拟出租企业名单报中储粮有关分公司（受中储粮委托的中央粮食企业直属企业报集团总部）批准的同时，抄送当地粮食行政管理部门备查。当地粮食行政管理部门对承租企业开展尽职调查和审核等情况进行监督。

4. 中储粮有关分公司会同省级粮食行政管理部门和农发行省级分行对承租企业上报的拟出租企业的合规情况共同把关，并将确定的拟出租企业名单抄送出租企业所在地粮食行政管理部门。经审核同意后，承租企业方可开展租仓储粮业务。在租仓收储过程中，承储企业应优先选用资信良好的出租企业长期从事政策性粮食收储工作。

三、租仓储粮管理要求

（九）租仓收储必须是承租企业直接收购、保管，直接对售粮农民结算，不准假租仓实委托，不准收转圈粮或提前收购就地划转。租赁库点启动前必须空仓验收并留取影像资料。销售时承租企业按交易细则规定直接对竞买人出库。

（十）承租企业负责租赁库点政策性粮食收购、储存、出库等日常管理，统计报送工作，收储资料凭证保管工作。承租企业应按有关规定将政策性粮食分库点收购进度抄送当地粮食行政管理部门。承租企业应通过围栏等方式对租赁设施进行封闭管理，避免与出租企业的自营业务发生交叉。

（十一）启用租赁库点前，承租企业与出租企业必须签订具有法律效力的租赁合同，明确双方的权利、义务和责任。粮食入仓储存后，承租企业与出租企业签订粮权确认书作为租赁合同附件，并将粮权确认书复印件悬挂于仓房内；也可采取悬挂、喷涂醒目标识等措施公示粮权。出租企业有义务配合承租企业履行向当地金融机构备案、公证部门公证等措施对租仓收储的粮食进行确权，并不得用于抵押、质押。

（十二）省级粮食行政管理部门要根据安全保粮的需要，对承租企业租赁社会粮食仓储设施的费用标准商当地中储粮分公司和农发行省级分行提出规范性意见，明确全省统一的最低费用指导标准，供租赁双方参照执行。承租企业不得与出租企业再签订与租赁合同内容相抵触的补充协议。承租企业应将租赁合同、实际租赁费用等情况报当地粮食行政管理部门备案。

四、责任落实和监督检查

（十三）地方政府按照最低收购价执行预案和临储粮政策有关要求，承担租赁社会粮食仓储设施收储国家政策性粮食工作的统筹协调和监管职责，维护正常的粮食收购秩序。承租企业和出租企业应在当地政府的统一组织协调和有效监管下开展政策性粮食租仓收储工作。

（十四）地方粮食行政管理部门依据《粮食流通管理条例》的有关规定，对承租企业的收储和出库等行为履行行政监督检查职责。地方政府其他相关部门依各自职责承担安全生产、消防安全等监督责任。对疏于监督造成不良后果的，要追究相关部门责任人员的行政责任。

（十五）农业发展银行对贷款企业租仓收储粮食资金规范使用履行监管职责，对存在问题提出意见和建议，并按规定对问题贷款企业采取相应信贷制裁措施。

（十六）承租企业上级单位负责对承租企业落实租仓收储库点制度执行情况进行督促检查，对发现的问题督导整改。对租仓收储库点发生储粮风险损失的，承租企业上级单位负连带赔偿责任。

（十七）承租企业与出租企业依据双方签订的租赁合同、粮权确认书明确各自权利、义务和责任。承租企业和出租企业之间出现经济纠纷，经有关部门和单位协调无效的，依法通过司法途径解决。

五、违规行为处理

（十八）承租企业或出租企业出现违约，应首先按照租赁合同约定方式承担违约责任。

（十九）粮食行政管理部门或承租企业上级管理单位，对承租企业出现以下行为的，应立即责成承租企业采取有效措施，确保储粮安全、管理规范、生产安全，对拒不执行的可以采取行政或经济处罚，承租企业上级管理单位应组织将储粮调出或安排拍卖出库。

1. 租赁库点存在储粮安全、生产安全隐患；

2. 承租企业未严格执行粮食出入库质量检验和储存期间质量安全管理等各项规章制度；

3. 承租或出租企业资料弄虚作假；

4. 承租或出租企业条件发生变化，不能满足第六、七条规定；

5. 租赁库点发生影响政策性粮食安全储存事故等。

（二十）承租企业在租仓收储过程中出现下列行为的，有关部门要按管理权限、管理责任，依法追究相关责任人法律责任，追究企业负责人和上级管理单位有关人员管理责任。

1. 擅自动用库存政策性粮食；

2. 在收购、储存、出库过程中弄虚作假，违规违纪或存在重大风险隐患；

3. 发生储粮安全或安全生产等责任事故。

六、其他有关事项

（二十一）国家政策性粮食属中央事权粮食，承租企业和出租企业均不得以任何理由阻挠国家有关部门下达的集并移库计划、出库指令等政策措施的执行。

（二十二）地方粮食行政管理部门应建立健全承租和出租企业诚信档案，中储粮、农业发展银行有义务提供相关企业经营和资产运营状况等信息，诚信信息行业共享。

（二十三）鼓励社会仓储企业提升仓储设施设备条件和管理水平，租仓收储的粮食在固定货位形态后禁止露天储存。

（二十四）地方粮食行政管理部门要推动落实社会仓容统计报送制度，详实掌握可利用仓容情况，并及时报国家粮食局等有关部门。

（二十五）省级粮食行政管理部门、农发行省级分行和中储粮分公司要结合本地实际，进一步细化明确租仓储粮资格审核、流程确认和储粮管理等要求。